바느질 없이 만드는
복슬복슬
모루 인형 클래스

바느질 없이 만드는 복슬복슬 모루 인형 클래스

1판 1쇄 발행 2024년 12월 20일

지은이 날개(이유진)
펴낸이 장성두
펴낸곳 주식회사 제이펍

출판신고 2009년 11월 10일 제406-2009-000087호
주소 경기도 파주시 회동길 159 3층 / **전화** 070-8201-9010 / **팩스** 02-6280-0405
홈페이지 www.jpub.kr / **투고** submit@jpub.kr / **독자문의** help@jpub.kr / **교재문의** textbook@jpub.kr

소통기획부 김정준, 이상복, 안수정, 박재인, 송영화, 김은미, 배인혜, 권유라, 나준섭
소통지원부 민지환, 이승환, 김정미, 서세원 / **디자인부** 이민숙, 최병찬

기획 및 진행, 교정·교열 박재인 / **내지 및 표지 디자인** nu:n
용지 타라유통 / **인쇄** 한길프린테크 / **제본** 일진제책사

ISBN 979-11-93926-82-6(13630)
책값은 뒤표지에 있습니다.

제이펍은 여러분의 아이디어와 투고를 기다리고 있습니다. 책으로 펴내고자 하는 아이디어나 원고가 있는 분께서는 책의 간단한 개요와 차례, 구성과 지은이/옮긴이 약력 등을 메일(submit@jpub.kr)로 보내주세요.

바느질 없이 만드는
복슬복슬
모루 인형 클래스

곰손도 10분 만에 완성하는 세상에서 가장 쉬운 키링 만들기

날개(이유진) 지음

제이펍

안녕하세요. 모루 인형을 만드는 날개(이유진)입니다.

저는 어릴 때부터 다양한 인형을 좋아했고 커스텀 작업에도 관심이 많았어요. 리페인팅이나 직접
만든 의상과 소품을 블로그에 올리고 소통하며 지내던 어느 날, 우연히 취미 삼아 만들어 본 작은
곰 인형 덕분에 모루의 매력에 푹 빠져 지금까지 작업을 이어 오게 됐습니다.

모루 인형은 일본에서는 이미 대중적인 공예지만, 우리나라에 알려진 지는 그리 오래되지 않았어요. 제가 처음
관심을 갖게 되었을 때까지만 해도 모루 재료나 관련 자료를 구하기가 매우 어려웠답니다. 그래서 인형을 만들 수 있는 모루를
구하기 위해 해외 자료를 여기저기 찾아 보고, 직구로 재료를 구입해 가며 고생했던 기억이 납니다. 하지만 그렇게 꽤 오랜 시
간 작업을 이어 오다 보니, 모루 인형을 만드는 온라인 강의도 제작하게 되고, 이렇게 책을 출간할 기회까지 얻게 되었네요.

요즘은 우리나라에서도 모루 인형이 유행하는 덕분에, 예쁘고 다양한 모루 재료를 쉽게 구할 수 있고, 모루 인형을 좋아하거나
만들어 보고 싶어 하는 분들도 많이 만날 수 있게 되었어요. 그래서 이 책을 준비하는 동안, 더없이 기쁘고 즐거운 마음으로 작
업할 수 있었습니다.

제가 그동안 만들어 온 모루 인형은 얇은 모루를 사용해 매우 작고 섬세한 스타일이었지만, 이 책에서는 요즘 유행하는 두꺼운
모루를 이용해 초보자도 쉽게 만들 수 있는 방법을 소개했어요. 그래서 아이도 어른도 누구나 재미있게 만들어 악세사리나 소
품으로 활용할 수 있습니다. 처음에는 모양이 마음대로 잡히지 않을 수도 있지만, 몇 번 연습해 보며 조금만 더 모루에 익숙해
지면, 자유롭게 원하는 대로 형태를 만들 수 있게 될 거예요.

모루의 가장 큰 장점은 구하기 쉬운 재료로 바느질 없이도 높은 퀄리티의 인형을 만들 수 있고, 철사가 들어 있어 비교적 자유
롭게 모양을 잡을 수 있다는 것입니다. 이런 모루의 매력을 최대한 활용해 나만의 깜찍한 작품을 완성해 보세요.

이 책을 통해 여러분만의 개성이 듬뿍 담긴, 복슬복슬하고 귀여운 모루 인형들이 탄생하길 바랍니다.

날개(이유진) 드림

contents

PART 1
차근차근 모루 인형의 기초

PART 2
뚝딱뚝딱 모루 인형 만들기

만들기 동영상

PART 3

사부작사부작 모루 인형 꾸미기

복슬복슬 귀여운 모루 인형을 함께 만들어 봐요

어린 시절 한 번쯤은 가지고 놀아 본 추억의 공예 재료, '모루'를 기억하시나요? 가느다란 철사에 복슬복슬한 털이 촘촘하게 감겨 있어, 구부리기만 하면 원하는 모양을 쉽게 만들 수 있었죠. 초등학교 미술 시간의 단골 재료이기도 해서 이미 많은 분이 이 모루와 친숙할 것입니다.

모루 인형은 모루를 이용해서 만드는 동물 모양의 인형을 말합니다. 최근 가방에 다는 인형 키링이 유행하면서 모루의 인기도 덩달아 높아졌어요. 어려운 재단이나 패턴, 바느질 없이도 마음껏 여러 가지 모양의 인형을 만들 수 있기 때문에 손재주가 없어도 누구나 쉽게 도전할 수 있거든요. 복잡한 조인트 작업 없이 팔다리를 움직일 수 있다는 장점도 있습니다. 색상이나 털의 길이도 다양해서 개인의 취향에 맞게 선택할 수 있다는 것도 큰 매력 포인트예요.

지금부터 다양한 모루를 사용해 여러 가지 종류의 인형을 함께 만들어 볼까요?

모루 인형의 Point

1 바느질 없이 쉽게 만들 수 있어요.

2 재료의 가격이 저렴하고, 종류도 다양해요.

3 인형의 팔다리를 자유롭게 움직일 수 있어요.

4 키링이나 소품으로 활용할 수 있어요.

PART 1

차근차근
모루 인형의 기초

다양한 도구를 갖추고 몇 가지 기본적인 방법을 익혀 두면 한 끗 차이로도

훨씬 완성도 있는 인형을 만들 수 있어요. 모든 도구가 필수는 아니지만,

갖추고 있으면 다양한 인형을 만들 때 훨씬 수월합니다.

이 파트에서는 모루 인형을 만들기 위한 재료와 도구부터 시작해, 눈과 코를 붙이는

기본적인 방법, 원하는 눈을 직접 그려서 만드는 법, 인형에게 볼터치하는 법,

모루 끝부분을 깔끔하게 마감하는 방법까지 유용한 팁들을 알려 드릴게요.

재료와 도구

● 모루

우리가 어릴 때 가지고 놀았던 얇은 모루는 문구점에서 흔하게 구입할 수 있는 기본 모루입니다. 최근에는 다양한 색상과 털을 가진 모루가 많이 판매되고 있습니다. 털의 길이나 촉감이 모두 다르기 때문에 자세히 살펴보고 원하는 스타일에 맞는 모루를 구입하는 것이 좋습니다.

모루의 길이는 한 줄에 1m 정도이며, 두께는 3mm부터 20mm까지 다양합니다. 작은 인형을 만들 때는 보통 6mm와 9mm를 많이 사용하지만, 키링이나 큰 인형을 만들 때는 15mm를 사용합니다.

tip 모루는 어디서 사나요?

동대문 종합 시장에 직접 방문해서 구입해도 좋지만 저는 주로 인터넷에서 구입해요. 직접 만져서 확인할 수는 없지만, 다양한 종류의 모루를 한 곳에서 비교해 보고 한꺼번에 구입할 수 있어서 편리해요. 저는 특별한 고래(https://smartstore.naver.com/specialwhale)라는 사이트를 자주 이용합니다. 최근에는 모루 판매처가 더욱 많아졌기 때문에 검색해 보고 원하는 종류의 모루가 있는 곳에서 구입하면 돼요. 반면, 일본 모루는 소량 구입과 해외 배송이 불가능해서, 필요한 경우 제가 직접 수입하여 소분 후 블로그(https://blog.naver.com/momowing)에서 판매하고 있어요.

Bonus

시중에 판매되고 있는 모루의 종류와 두께는 매우 다양하지만, 이 책에서는 주로 15mm 두께의 밍크 모루, 복슬 모루, 곱슬 모루를 사용했습니다. 판매처마다 모루의 명칭을 다르게 표기하기 때문에, 사진을 참고하여 비슷한 모양의 모루를 구입하면 됩니다. 또한, 이 책에서 소개한 작품과는 다른 종류의 모루를 사용하여 취향에 맞게 만들어도 좋습니다.

1 밍크 모루: 털이 길고 부드러워서 보들보들한 느낌을 표현하기 좋습니다. 빗으로 잘 빗어서 정리해야 합니다.

2 복슬 모루: 인형을 만들 때 가장 흔하게 사용하는 모루로, 복슬복슬한 인형을 만들 때 좋습니다.

3 곱슬 모루: 털이 뽀글뽀글하게 말려 있어 푸들처럼 곱슬곱슬한 털을 표현할 때 좋습니다.

● 눈과 코

눈과 코는 모루 재료 판매처에서 다양한 크기와 모양으로 판매하고 있으므로 손쉽게 구입할 수 있습니다. 눈은 필요에 따라 원하는 디자인으로 직접 만들어서 사용하기도 합니다(16쪽 '수제 눈 만들기'를 참고하세요). 코는 크기와 색상에 따라 인형 얼굴의 중심이 바뀌기도 하므로 여러 가지 종류를 구비하고 있는 것이 좋습니다.

tip 눈 모양에 따라 인형의 느낌이 완전히 달라질 수 있어요. 동공과 색상이 표현된 눈이나 문구용 눈도 때로는 독특한 분위기를 연출해 줘요. 다양한 종류를 구매한 다음 인형에 붙이기 전에 직접 대보고 비교하여 결정하면 돼요.

 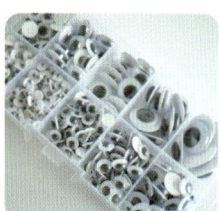

● 다양한 도구

모루 공예에는 굳이 크고 무거운 공구를 사용할 필요가 없으므로 미니 사이즈로 나온 작은 공구를 사용합니다.

니퍼
모루의 철사를 자를 때 사용합니다. 일반 가위로도 자를 수 있지만 가위 날이 상하므로, 니퍼를 사용하거나 이미 날이 무뎌져 사용할 수 없는 가위를 정해 두고 자르는 것이 좋습니다.

롱 노즈 니들 플라이어 &
원형 니들 플라이어
주로 철사를 구부리거나 접을 때 사용합니다. 둘 중 어떤 것으로 사용해도 무방합니다.

송곳
눈이나 코의 위치를 잡을 때 사용합니다.

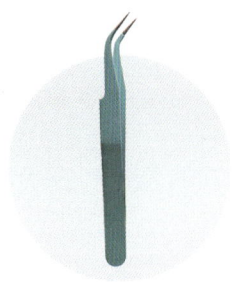

정밀 핀셋

작은 재료들을 잡아 접착할 때 사용합니다. 우레탄 줄 같은 아주 얇은 재료도 다루기 때문에 끝이 뾰족한 정밀 핀셋을 사용하는 것이 편리합니다.

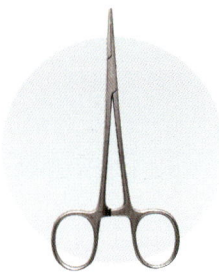

겸자

작은 구멍으로 모루를 통과시킬 때 사용합니다. 겸자를 넣고 모루 끝을 집어서 잡아당기면, 손으로는 넣기 힘든 부분에도 모루를 편리하게 통과시킬 수 있습니다.

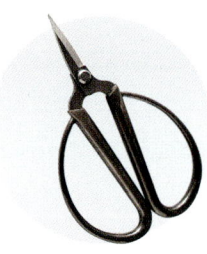

가위

털을 잘라 모양을 다듬는 용도로 사용하므로 수예용을 고르는 것이 좋습니다. 날이 끝까지 잘 들어야 털을 다듬기 편리합니다.

● **목공풀**

주로 눈과 코를 붙일 때 사용합니다. 굳을 때까지 시간이 걸리지만 그동안 모양을 다시 손볼 수 있고, 손에 묻어도 안전한 편입니다. 초보자라면 다른 접착제를 쓰지 않고 목공풀만 사용해도 괜찮습니다.

● **순간접착제**

손에 묻으면 접착제가 빨리 말라붙을 수 있어서 주의해야 합니다. 우레탄 줄처럼 작은 면적을 빠르게 붙일 때 사용하기 좋습니다.

● **글루건**

털이 복슬복슬한 부분끼리 붙일 때 글루건을 사용하면 오래 기다리지 않고 단단하게 붙일 수 있습니다. 한 번 붙이고 나면 수정이 어렵고, 심이 뜨거우므로 주의해서 사용합니다.

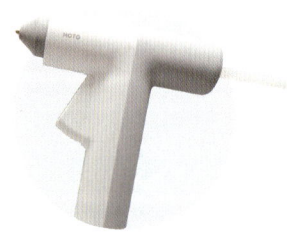

● 자

모루의 길이를 잴 때 사용합니다. 책에 표기된 cm는 털이 아니라 철사 끝에서 끝을 기준으로 했습니다.

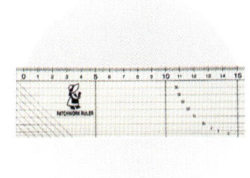

● 면봉과 이쑤시개

면봉은 일반적인 종류 하나만 있어도 좋지만, 여러 사이즈를 구비해 두면 면적에 따라 골라 쓸 수 있어서 편리합니다. 이쑤시개는 아크릴 물감이나 접착제 등이 미세하게 번졌을 때 걷어 내는 용도로 사용합니다.

● 파스텔

인형의 볼에 볼터치 효과를 줄 때 주로 사용합니다. 만약 파스텔이 없다면 비슷한 발색을 내는 화장품을 사용해도 괜찮습니다.

● 아크릴 물감

플라스틱 위에 색을 칠할 수 있어서 수제 눈을 만들 때 사용합니다. 다 그린 후에는 글로스 바니시로 마감해야 표면이 벗겨지지 않고 광택이 나는 표현을 할 수 있습니다.

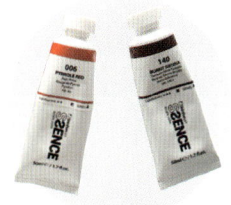

● 비탄성 우레탄 줄 & 검은색 와이어

수염을 만들 때 사용합니다. 비탄성 우레탄 줄이 내구성이 좋고 자연스럽지만, 다루기 어렵다면 검은색 와이어를 사용해도 좋습니다. 와이어는 철사라서 우레탄 줄에 비해 두껍고 모양을 잡기에 용이한 편입니다.

tip 이 책에 수록한 인형들은 모두 비탄성 우레탄 줄로 작업했어요.

수제 눈 만들기

Materials

- 흰색 눈 한 쌍(6mm×8mm)
- 아크릴 물감(파란색, 하늘색, 흰색)
- 면봉
- 이쑤시개
- 글로스 바니시

tip 눈을 고정할 수 있는 재료(점토 등)와 물감을 짜서 쓸 수 있는 일회용 팔레트가 있으면 편리해요.

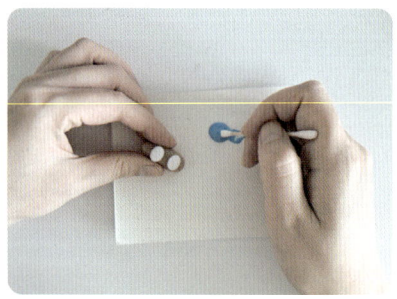

1 원하는 색상과 디자인을 결정한 후, 작업하기 쉽도록 점토 등에 눈을 꽂아 고정합니다.

tip 완전하게 굳지 않는 스컬피나 퍼티, 혹은 스펀지 등에 눈을 끼워 놓고 작업하기도 해요.

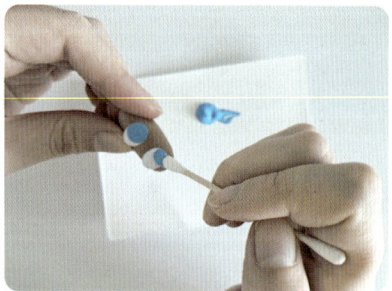

2 눈동자 색상의 아크릴 물감을 종이 팔레트(일반 코팅 종이도 가능)에 짜서 면봉에 묻힌 후, 눈에 눈동자를 그려 넣습니다. 면봉에 물감을 충분히 묻혀서 찍어야 합니다. 만약 물감의 수분이 적다면 물을 조금 섞어서 적당한 농도를 맞춘 후 사용하면 좋습니다.

tip 사용할 눈의 사이즈가 크다면 크기가 큰 면봉을 사용하는 게 좋아요.

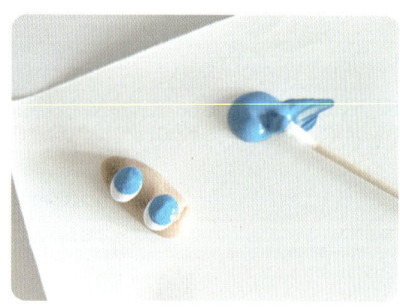

3 물감이 마르지 않으면 색이 섞이게 되므로 반드시 물감이 완전히 마를 때까지 기다린 후 다음 작업으로 넘어갑니다.

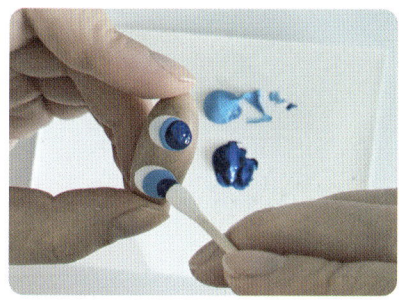

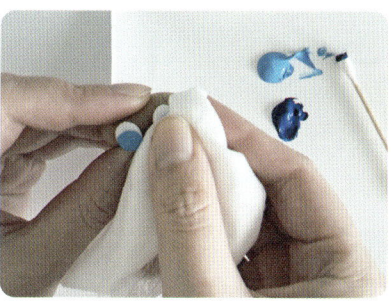

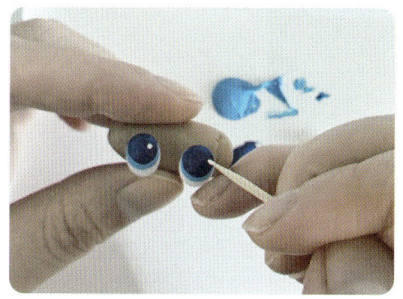

4 면봉에 조금 더 진한 색을 묻히고 2번 과정보다 작게 그려 넣어 홍채를 표현합니다.

tip 홍채 없이 눈동자만 표현할 경우 이 과정은 생략할 수 있어요.

5 혹시 작업 중 실수를 했을 때는 물감이 마르기 전에 물티슈로 닦아내면 깨끗하게 제거할 수 있습니다.

6 물감을 충분히 말린 후, 이쑤시개로 흰색 아크릴 물감을 찍어서 빛점을 표현합니다. 빛점은 여러 개를 찍어도 되고, 아예 다른 모양으로 그려 넣어 꾸며도 좋습니다. 마찬가지로 물감이 완전히 마를 때까지 충분히 기다립니다.

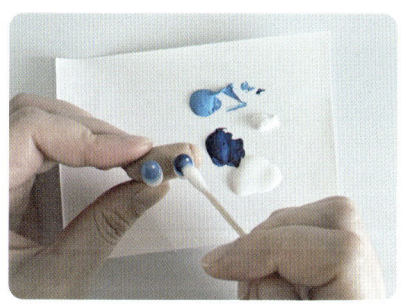

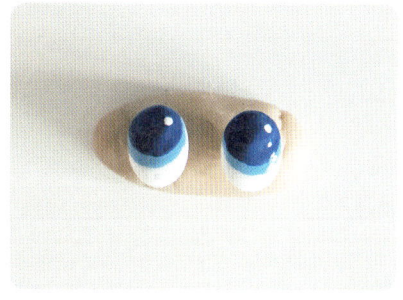

7 원하는 디자인의 눈이 완성됐다면 글로스 바니시를 짜서 면봉에 충분히 묻힌 다음 눈 전체에 펴 바릅니다. 눈에 광을 주고 색이 금방 벗겨지지 않게 코팅하는 작업이므로, 바니시를 듬뿍 묻혀 빈 곳이 없도록 두껍게 바르는 것이 좋습니다.

8 반투명했던 바니시가 완전히 투명해질 때까지 충분히 말린 후 사용합니다.

눈과 코를 붙일 때는 위치 선정이 가장 중요합니다. 어느 위치에 붙이는지에 따라서 인형의 느낌이 완전히 달라지기 때문입니다. 눈과 코는 바로 붙이지 말고 접착제 없이 먼저 끼워서 인상을 확인한 다음 부착하는 것이 좋습니다.

tip 중심을 먼저 잡은 다음 대칭으로 눈을 부착하는 것이 좋으므로 항상 코를 먼저 붙여요.

 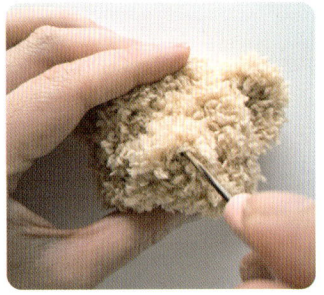  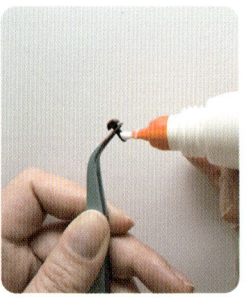

1 형태가 완성된 인형을 준비합니다.

2 송곳으로 눈과 코가 들어갈 부분을 찔러 자리를 만듭니다. 모루의 철사 사이에 눈과 코가 들어갈 공간을 확보하는 작업이기 때문에 이 과정을 반드시 거치는 것이 좋습니다.

3 송곳으로 확보한 자리에 눈과 코를 끼워 원하는 위치가 맞는지 확인합니다.

4 위치가 맞다면 눈과 코를 다시 빼서 기둥에 목공풀을 바릅니다.

5 해당 자리에 코를 끼워 넣어 붙입니다.

6 눈을 끼웠을 때 눈을 가리는 털이 있다면 가위로 살짝 정리합니다.

7 같은 방법으로 눈을 붙입니다.

tip 목공풀은 마르는 데 시간이 걸리므로 눈과 코를 끼운 후 바로 움직이면 모양이 흐트러질 수 있어요. 만약 모루에 압력을 가하는 작업이 남아 있다면, 어느 정도 목공풀이 말라서 눈과 코가 자리를 잡은 후에 이어 나가는 것이 좋아요.

볼터치와 음영 표현하기

파스텔로 볼터치나 음영을 표현하는 작업은 인형의 귀여움과 퀄리티를 단번에 올릴 수 있는 아주 효과적인 방법입니다. 저는 인형을 만들 때 이 과정을 꼭 작업하고 넘어갑니다. 만약 파스텔이 없다면 비슷한 발색을 내는 화장품으로 대체하면 됩니다.

1 형태가 완성된 인형을 준비합니다.

2 면봉에 볼터치로 넣을 색상의 파스텔을 묻힙니다.

3 인형의 볼에 면봉을 문지릅니다.

4 실제 파스텔 색보다 발색이 조금 더 옅으므로 색을 여러 번 올려서 완성합니다.

5 귀 안쪽에 음영을 넣을 색상을 면봉에 묻힙니다.

tip 모루의 색보다 한 톤 더 진한 색을 선택하면 돼요. 예를 들어 하늘색 모루는 파란색과 남색 사이의 파스텔을, 노란색 모루는 주황색과 갈색 사이의 파스텔을 사용하는 것이 좋아요.

6 면봉을 귀 안쪽에 문질러서 칠합니다.

7 훨씬 입체감 있는 귀가 완성됩니다.

8 마지막으로 입 부분에 음영을 넣을 색을 면봉에 묻힙니다. 입은 면적이 좁기 때문에 작은 면봉을 사용하면 좋습니다.

9 세모나게 파인 입에 면봉을 문질러서 음영을 만듭니다.

10 파스텔로 볼터치와 음영을 완성한 모습입니다.

모루 끝부분 마감하기

모루는 철사에 털이 붙어 있는 형태이기 때문에 끝마무리를 잘 하지 않으면 철사가 튀어나와 다칠 위험이 있습니다. 또 자칫하면 털이 풀릴 수도 있기 때문에 깔끔하게 마감해서 완성하는 것이 좋습니다.

● 모루 길이가 알맞을 경우

처음 구입한 모루는 끝부분이 약간 접혀 있는 상태입니다. 철사가 뾰족하지 않고 털의 올이 풀리지 않도록 마무리되어 있습니다. 만약 모루의 길이를 조절할 필요가 없다면 이대로 인형을 만들면 됩니다.

● 모루 길이가 짧을 경우

인형을 만들다가 길이가 약간 짧을 경우, 이 끝부분을 사진처럼 펼쳐서 사용할 수 있습니다. 다만, 이 뾰족한 끝을 다른 모루 안으로 넣어서 마감하는 경우에만 사용해야 안전합니다.

● 모루 길이가 길 경우

1 인형을 만들다가 모루가 남아 잘라야 한다면, 끝을 접을 것을 감안하여 필요한 길이보다 약 1cm 정도 더 길게 자릅니다. 니퍼를 사용하여 가운데 철사 부분을 먼저 자릅니다.

tip 니퍼가 없어서 가위를 사용할 때는 이미 날이 상한 가위를 쓰는 것이 좋아요.

2 철사만 자르면 털이 잘리지 않기 때문에 털은 다시 가위로 자릅니다.

3 끝에서 1cm 정도 부분에서 모루를 접습니다.

4 끝까지 접히도록 니들 플라이어로 꾹꾹 눌러 줍니다. 펴지지 않게 단단하게 고정합니다.

5 가위로 튀어나온 모루의 털을 기존 모루 두께에 맞춰서 정리합니다.

6 깔끔하게 정돈한 모습입니다.

tip 모루의 끝이 다른 모루 안으로 들어가는 마감이라면 이 과정을 거칠 필요 없이 그냥 자르기만 하면 돼요. 하지만 생쥐의 꼬리처럼 끝이 밖으로 나온 형태일 경우 이렇게 마무리하는 것이 좋아요.

리본 끝부분 마감하기

인형을 만든 후 목에 달아 주는 리본의 끝부분을 그냥 그대로 두면. 매듭이 쉽게 풀리거나 리본 끝의 올이 풀려 금방 해집니다. 이때 마감 처리를 하면 오래도록 리본의 모양을 유지할 수 있습니다.

1 쓰지 않는 비닐이나 플라스틱에 순간접착제를 짭니다.

2 면봉에 순간접착제를 적당히 묻힙니다.

3 매듭이 있는 리본 중앙에 순간접착제를 발라 리본이 쉽게 풀리지 않도록 합니다.

4 남은 접착제는 리본의 끝부분에 발라 올이 쉽게 풀리지 않도록 합니다.

tip 순간접착제를 사용하기 어려울 때는 투명 매니큐어나 에나멜을 발라도 동일한 효과를 낼 수 있어요. 아예 이런 용도로 나온 올 풀림 방지액을 사용해도 좋아요.

5 리본 마감을 완성한 모습입니다.

키링 부자재 연결하기

완성한 인형을 가방이나 파우치에 달 수 있도록, 키링 부자재를 연결하는 가장 쉬운 방법을 알아보겠습니다. 부자재의 모양이나 연결하는 방법에는 여러 가지가 있으므로 자신에게 편한 방법을 찾아서 작업하면 됩니다.

Materials

- 완성된 인형
- 오링(10mm)
- 오링 반지
- 키링 부자재

tip 오링 반지는 꼭 필요한 것은 아니지만 구비해 두면 매우 편리해요.

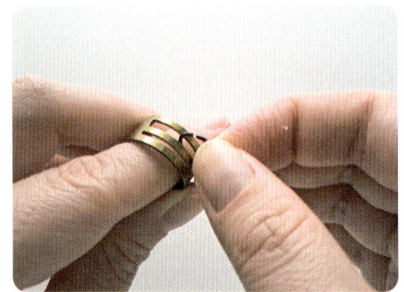 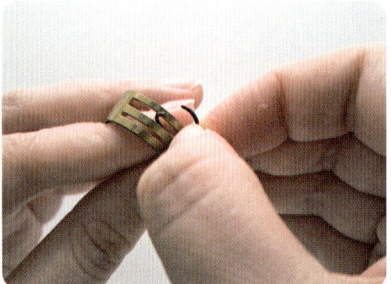

1 오링 반지가 있는 경우에는 반지를 손에 끼우고 오링을 반지의 홈에 넣어 비틀면 손쉽게 오링을 벌릴 수 있습니다.

tip 오링 반지가 없어도 손으로 오링을 벌릴 수 있어요. 조금 더 편리한 작업을 위한 도구이므로 필수는 아니에요.

2 인형의 귀에 오링을 끼웁니다. 꼭 귀가 아니더라도 원하는 부분에 오링을 걸어 주면 됩니다.

3 오링 안에 키링의 고리 부분을 걸어 줍니다.

4 오링을 잘 닫아서 마무리합니다.

5 곰돌이 키링이 완성되었습니다.

오링 대신에 자수 실을 사용하는 방법도 있습니다. 여기서는 쉬운 설명을 위해 자수 실을 인형의 귀에 연결했지만, 인형의 머리 등 다른 위치에 연결해도 좋습니다.

1 원하는 위치에 오링을 걸듯이 자수 실을 걸고 매듭을 짓습니다.

tip 만약 얇은 볼체인(군번줄)이 아닌 두꺼운 키링을 걸고 싶다면, 처음부터 자수 실 안에 키링을 걸어 놓고 매듭 짓는 것이 좋아요. 실은 오링처럼 단단하지 않기 때문에, 고리를 만든 후 키링을 거는 것이 불편할 수 있어요.

2 매듭 짓고 남은 실을 자른 후, 면봉으로 순간접착제를 매듭에 묻혀 풀리지 않도록 고정합니다. 인형에 순간접착제가 묻지 않게 조심해서 작업합니다.

3 순간접착제가 완벽하게 마르고 나면, 매듭 부분이 인형의 귀 안쪽으로 들어가도록 매듭을 돌립니다.

4 실에 볼체인(군번줄)이나 키링 등을 걸어 완성합니다.

27

PART 2

뚝딱뚝딱
모루 인형 만들기

기본적인 도구와 기초 방법을 모두 알아보았으니, 이제 본격적으로 모루 인형을 만들어 볼까요?

처음부터 너무 어려워 보이는 인형에 도전하지 말고, 쉬워 보이는 것부터 차근차근

만들어 가며 모루와 친해져 보세요. 모루가 충분히 손에 익고 나면 꽤 어려워 보이는 인형도

모양을 쉽게 잡을 수 있게 될 거예요. 여러 번 연습하면서 감각을 익혀 보세요!

※ 취향에 따라 선택할 수 있는 접착 도구(글루건, 순간접착제, 목공풀 등)나 파스텔은
'Materials(재료)'에서 표기를 생략했습니다.

잠깐! 모루 인형의 완성도를 높이는 한 끗 차이

1 인형을 만들기 전에 모루 철사가 꼬이거나 구부러져 있지 않은지 확인해 보세요. 철사가 꼬여 있으면 털의 방향도 틀어져요.

2 각 판매처의 상품에 따라 비슷해 보이는 모루더라도 어떤 것은 털이 균일하게 달려 있고, 어떤 것은 털의 촘촘함이나 길이가 들쑥날쑥한 경우가 있어요. 모루를 만들기 전에 손으로 쭉쭉 펴면서 털의 모양이 일정한지 확인해 주세요. 완성한 후 가위를 사용해 털을 다듬어 주어도 좋아요.

3 만드는 중간중간 모양을 잡아 가며 빗으로 털을 빗겨 주세요. 가지런하게 털을 빗긴 모루와 그렇지 않은 모루는 모양의 차이가 커요.

4 같은 인형이라도 모루의 종류나 만드는 사람에 따라 모양이 달라질 수 있어요. 모루가 너무 길게 남을 수도, 반대로 모자란 경우도 생기므로 마무리 과정에서는 상황에 맞게 조금씩 변형해도 좋아요. 모루 인형은 약간 삐뚤빼뚤한 모습도 귀엽고 매력적이에요.

01

개구리 얼굴

⭐☆☆☆☆

짧은 시간에 손쉽게 만들 수 있는 귀여운 개구리 얼굴입니다.

가장 쉬운 방법으로 소개해 드릴 테니 차근차근 따라 하면서 모루의 감각을 손에 익혀 보세요.

완성한 다음에는 키링이나 브로치를 달아서 활용하면 좋습니다.

Materials

- 초록색 복슬 모루 반 개(15mm×50cm)
- 검은색 눈 한 쌍(6mm)
- 빨간색 펠트지 또는 짙은 색 자수 실
- 검은색 네임펜

1 모루를 절반으로 접습니다.

2.5cm

2 접은 곳에서 2.5cm 정도 윗부분을 다시 아래로 접습니다. 양쪽을 똑같이 접어서 알파벳 'M' 모양을 만들어 주세요. 위로 접은 두 개의 산 모양이 개구리의 눈이 됩니다.

3 아래로 길게 내려온 모루 두 줄을 교차하게 놓습니다.

4 교차한 부분을 한 번 비틀어 꼬아 고정합니다.

5 오른쪽에 있는 긴 모루로 오른쪽 눈을 감듯이 뒤로 넘깁니다.

6 왼쪽에 있는 긴 모루로 왼쪽 눈을 감듯이 뒤로 넘깁니다.

7 한 번씩 더 반복합니다. 다시 오른쪽 모루로 오른쪽 눈을 감듯이 뒤로 넘깁니다.

8 똑같이 왼쪽 모루로 왼쪽 눈을 감듯이 한 번 더 뒤로 넘깁니다.

9 **뒷면** 개구리의 뒤통수가 위를 보도록 뒤집으면 이런 모양이 됩니다.

10 뒷면 오른쪽에 있는 모루 고리 사이로 오른쪽 긴 모루를 넣습니다.

11 뒷면 반대쪽도 똑같이 왼쪽 모루 고리 사이로 왼쪽 긴 모루를 넣습니다.

12 뒷면 모루 두 줄을 풀어지지 않게 두 번 꼬아 고정합니다.

13 뒷면 길게 남은 모루를 짧게 잘라 냅니다.

14 뒷면 자른 모루를 양쪽으로 눌러 잘 보이지 않게 정돈합니다.

15 다시 개구리의 얼굴 앞쪽으로 뒤집어 줍니다.

16 눈의 시작 부분을 한 번씩 비틀어 꼬아서 고정하고, 전체적으로 얼굴 모양을 잘 매만집니다.

17 울퉁불퉁하게 튀어나온 털들을 가위로 정리해 모양을 다듬어 줍니다.

18 개구리의 코와 입을 붙일 부분의 털은 조금 짧게 다듬습니다.

19 털을 다듬어 전체적인 모양을 다듬은 모습입니다.

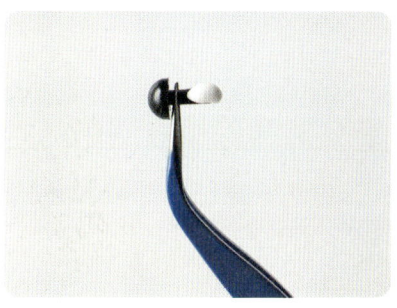

20 눈알에 목공풀을 바릅니다.

21 양쪽에 눈을 끼워서 붙입니다.

22 네임펜으로 점 두 개가 콕콕 찍힌 것처럼 코를 그립니다.

<hr>

① 자수 실로 입 만들기

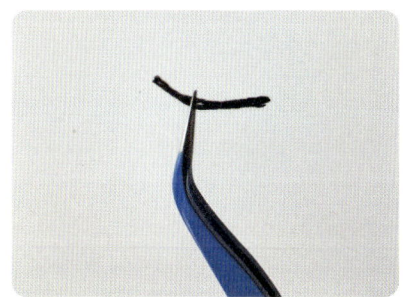

❶ 약 2cm 길이로 자수 실을 자릅니다.

❷ 안 쓰는 종이에 목공풀을 짜서 자수 실의 한쪽 면에 골고루 묻힙니다.

❸ 원하는 모양과 위치에 붙입니다. 목공풀은 마르면 투명해지므로 충분한 양을 사용해야 나중에 잘 떨어지지 않습니다.

② 펠트지로 입 만들기

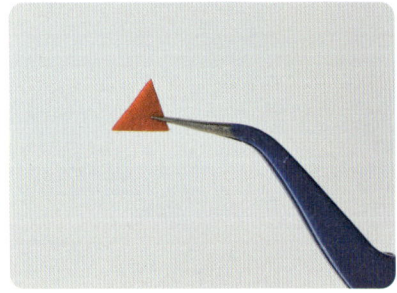

❶ 빨간색 펠트지를 원하는 입 모양으로 자른 후, 목공풀로 원하는 위치에 붙입니다.

❷ 완성한 모습입니다.

02

곰돌이 얼굴

⭐🌗☆☆☆

만들기 동영상

모루 인형을 만들 때 빼놓을 수 없는 귀엽고 깜찍한 곰돌이입니다. 키링을 달아서 열쇠고리로 사용해도 좋고,
그립톡에 붙여도 예쁜 모양입니다. 다양한 색상과 재질의 모루로 흰 곰, 검은 곰, 복슬복슬한 곰까지
취향에 맞는 인형을 만들어 가방이나 소품에 활용해 보세요.

Materials

- 베이지색 복슬 모루 한 줄(두께 15mm)
- 검은색 눈 한 쌍(4mm)
- 갈색 삼각코 한 개(6mm)

1 모루를 절반으로 접습니다.

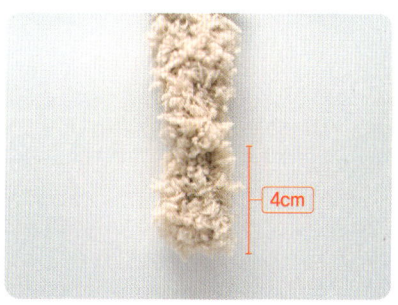

2 접은 곳부터 4cm 정도의 부분을 두 번 꼬아 고정합니다.

3 꼬아 놓은 부분을 앞쪽으로 꺾습니다. 이 부분이 곰돌이의 주둥이가 됩니다.

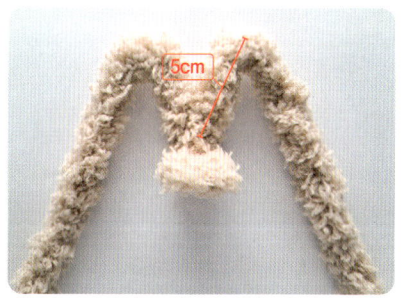

4 양쪽의 긴 모루를 각 5cm 정도 접어 내립니다. 이 부분이 곰돌이의 귀가 됩니다.

tip 이때 귀를 너무 길게 잡아서 접으면, 이후 과정에서 모루 길이가 부족할 수 있으니 주의하세요.

5 귀의 시작 부분을 각각 두 번 꼬아 고정합니다.

6 아래쪽 모루 두 줄을 서로 교차하여 놓습니다.

7 오른쪽에 있는 모루로 오른쪽 귀를 감싸듯이 앞에서 뒤로 넘깁니다.

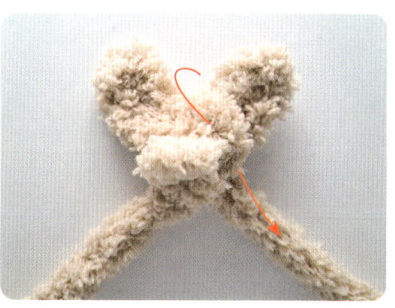

8 7번 과정과 동일하게 귀를 감듯 한 번 더 앞에서 뒤로 넘겨 볼륨감을 만듭니다.

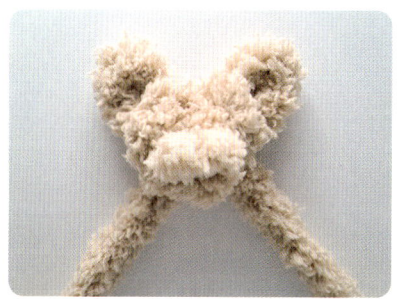

9 7~8번 과정처럼 왼쪽 모루로 왼쪽 귀에도 동일하게 감아 줍니다.

10 왼쪽에 있던 모루로 주둥이 부분을 감듯이 돌려 얼굴의 볼륨감을 만듭니다.

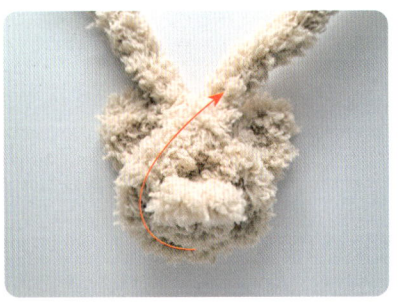

11 오른쪽 모루로 반대쪽을 똑같이 감아 왼쪽 볼륨감도 만듭니다.

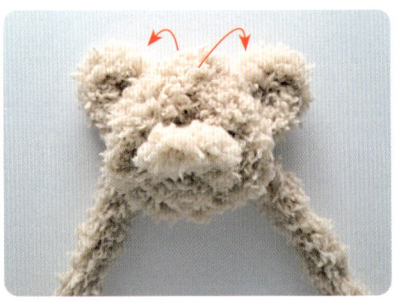

12 위쪽에 있던 모루 두 줄을 뒤쪽으로 접어서 내립니다.

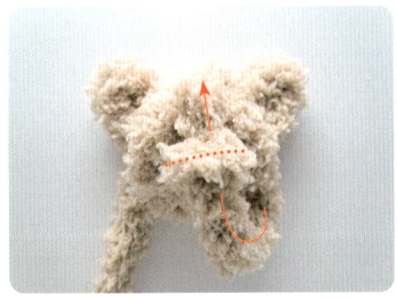

13 오른쪽 모루를 주둥이의 고리 사이에 아래에서 위로 넣습니다.

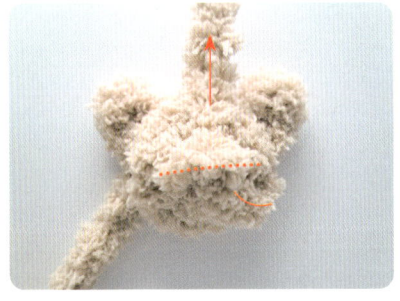

14 13번 과정에서 넣은 모루를 그대로 잡아당깁니다. 아래쪽에 감긴 모루가 곰돌이의 볼 부분이 되므로, 너무 세게 잡아당기지 말고 적당히 볼륨을 남겨 줍니다.

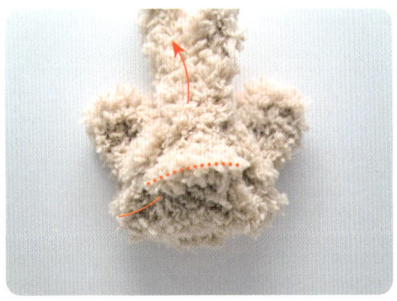

15 13~14번 과정처럼 왼쪽 모루도 똑같이 주둥이 고리 안으로 넣어 왼쪽 볼을 만듭니다.

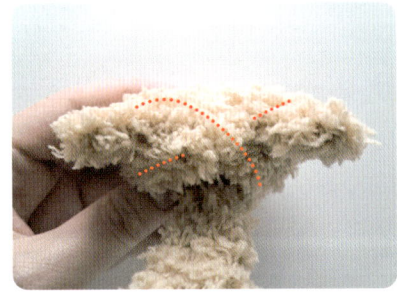

16 **윗면** 인형의 윗부분이 보이게 잡고 형태를 확인합니다.

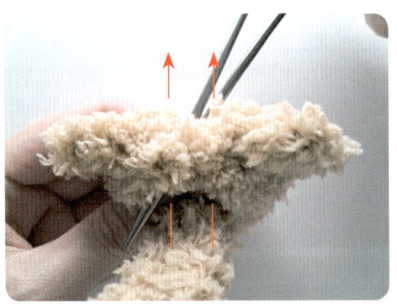

17 **윗면** 주둥이 고리 안으로 넣은 모루 두 줄을 겸자가 들어간 모루 안으로 앞에서 뒤로 집어넣습니다.

18 **윗면** 모루 두 줄을 모두 집어넣은 모습입니다.

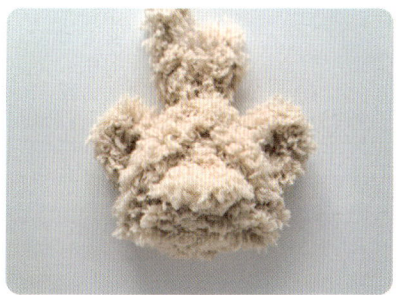

19 인형의 앞면을 확인합니다.

20 뒷면 인형의 뒤통수가 보이게 잡고, 위쪽에 남은 모루 두 줄을 아래쪽으로 접어 마무리합니다. 만약 모루가 너무 길게 남았다면 짧게 잘라 마무리합니다.

21 뒷면 모루를 살짝 접어 내리고, 끝부분을 양옆 모루 안으로 집어넣어 마무리합니다.

tip 그대로 접어 내려 접착해도 돼요.

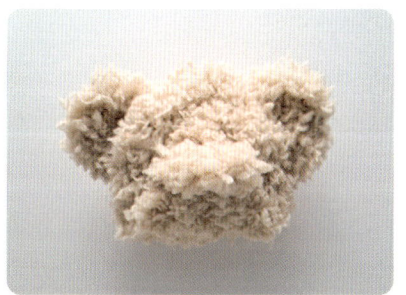

22 다시 앞모습으로 돌아옵니다.

23 손이나 니들 플라이어로 주둥이 모루를 완전히 눌러 납작하게 만듭니다.

24 손이나 니들 플라이어로 주둥이 윗부분(이마 부분)을 꾹꾹 눌러 평평한 모양을 만듭니다.

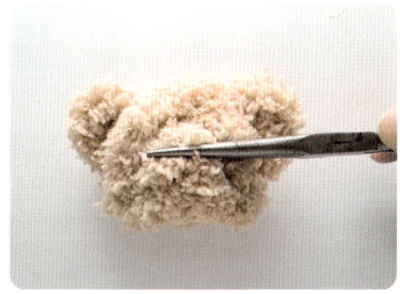

25 손이나 니들 플라이어로 주둥이 부분을 위로 꺾어 동그란 모양을 만듭니다.

26 전체적인 모양이 완성되었습니다.

27 중심에 코를 넣습니다.

28 눈이 들어갈 부분의 털을 가위로 살짝 정리합니다.

29 코와 얼굴, 귀까지 모든 털을 동글동글하게 다듬어 줍니다.

30 눈을 부착합니다.

31 그대로 두어도 좋지만, 코 아래 그림자가 진 부분을 삼각형 모양으로 다듬어 입 부분의 음영을 살리면 좀 더 디테일해집니다.

32 볼터치와 귀 안쪽, 입 안쪽에 파스텔로 음영을 넣습니다.

33 완성한 모습입니다.

03

토끼 얼굴

★⯪☆☆☆

귀여운 곰돌이 얼굴을 만들어 봤다면, 이제 밍크 모루를 사용해서 더 복슬복슬하고 새침한 토끼 얼굴을 만들어 볼 차례입니다.

곰돌이 얼굴을 만드는 법을 응용해서 귀의 길이만 살짝 조절하면 쉽게 완성할 수 있습니다.

직접 만든 수제 눈과 속눈썹까지 달아 주면 나만의 개성이 드러나는 깜찍한 토끼 인형을 만들 수 있어요.

Materials

- 핑크색 밍크 모루 한 줄(두께 15mm)
- 파란색 수제 눈 한 쌍(6mm×8mm)
- 파란색 타원형 눈 한 개(2.5mm×3.5mm, 코로 사용)
- 속눈썹 약간(3~4mm)
- 공단 리본 한 개(폭 3mm)

1 모루를 반으로 접습니다.

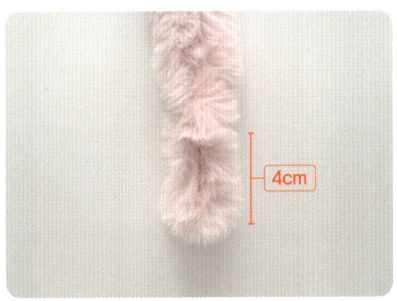

2 접은 곳에서 4cm 정도 윗부분을 두 번 꼬아 고정합니다.

3 꼬아 놓은 부분을 앞쪽으로 꺾습니다. 이 부분이 토끼의 주둥이가 됩니다.

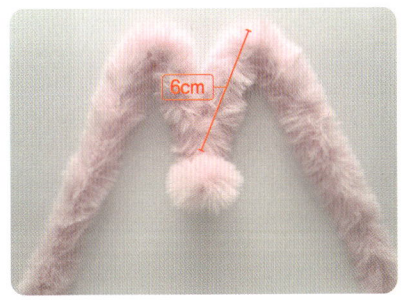

4 주둥이를 중심으로 양쪽 모루의 6cm 정도 윗부분을 접어 내립니다. 이 부분이 토끼의 귀가 됩니다.

5 귀가 시작되는 부분을 각각 두 번 꼬아 고정합니다.

6 아래쪽 모루 두 줄을 서로 교차하여 놓습니다.

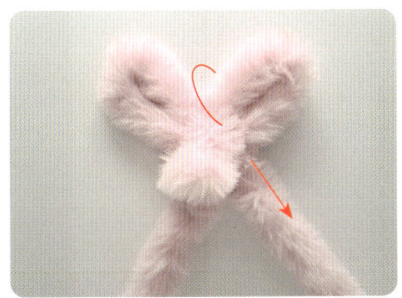

7 오른쪽 아래에 있는 모루로 오른쪽 귀를 감듯이 앞에서 뒤로 넘깁니다.

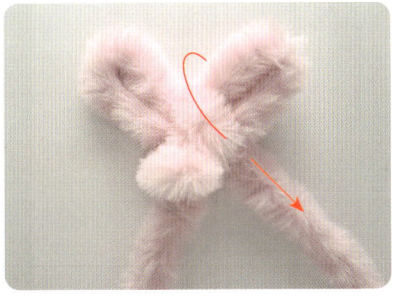

8 7번 과정을 한 번 더 반복하여 볼륨감을 만듭니다.

9 7~8번 과정처럼 왼쪽 아래에 있는 모루로 왼쪽 귀를 동일하게 두 번 감아 줍니다.

43

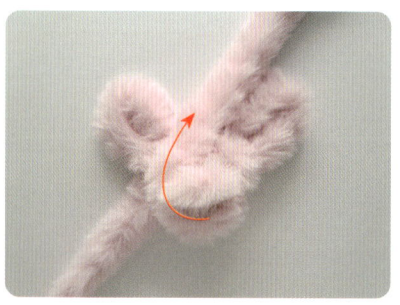

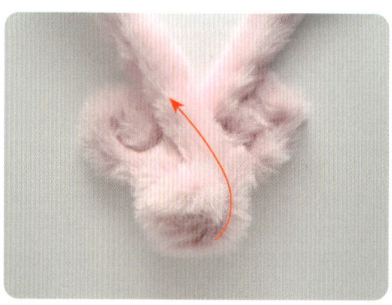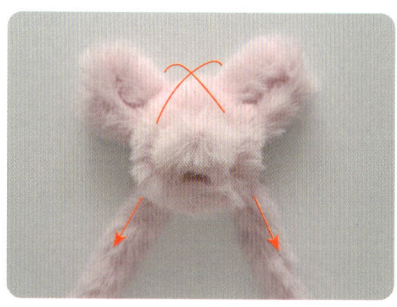

10 오른쪽 모루로 주둥이를 감싸듯이 돌려 얼굴의 볼륨감을 만듭니다.

11 왼쪽 모루로 반대쪽도 동일하게 감싸 줍니다.

12 위로 올라온 모루 두 줄을 얼굴 뒤쪽으로 넘깁니다.

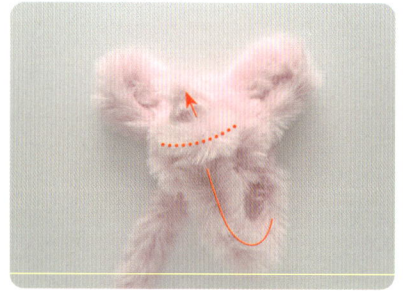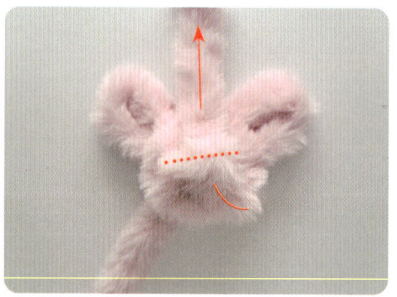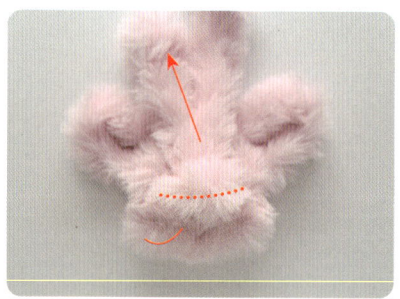

13 오른쪽 아래의 모루를 주둥이 부분의 고리 안으로 넣습니다.

tip 아래에서 위로 넣습니다.

14 그대로 살짝 잡아당겨서 오른쪽 볼의 볼륨감을 만듭니다.

15 왼쪽 아래의 모루도 마찬가지로 주둥이 고리 안으로 넣고 잡아당겨 왼쪽 볼의 볼륨감을 만듭니다.

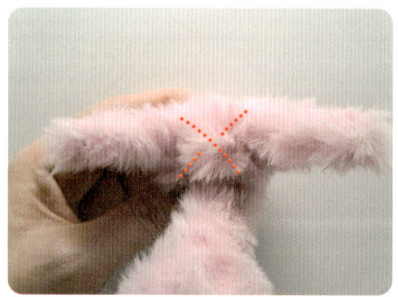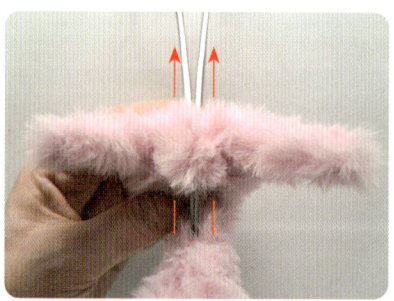

16 윗면 인형의 윗부분이 보이게 잡고 형태를 확인합니다.

17 윗면 겸자가 들어간 부분 안으로 남은 모루 두 줄을 모두 넣습니다. 뒤통수 쪽으로 튀어나온 모루는 아래로 접어 줍니다.

44

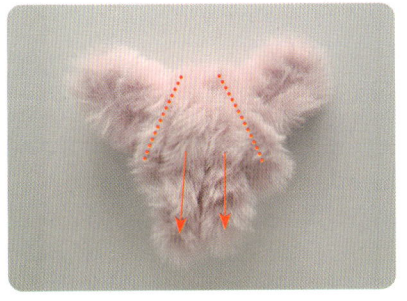
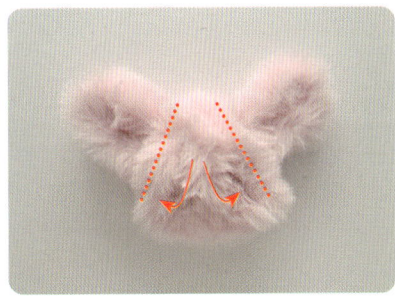

18 뒷면 뒤로 돌려 뒷모습을 확인합니다. 남은 모루가 짧다면 그대로 마무리하고, 만약 사진처럼 얼굴 밑으로 내려올 만큼 길다면 접어서 양쪽 모루 사이로 넣어 깔끔하게 마무리합니다.

tip 적당한 길이로 잘라서 마무리해도 좋아요.

19 다시 앞모습을 확인합니다.

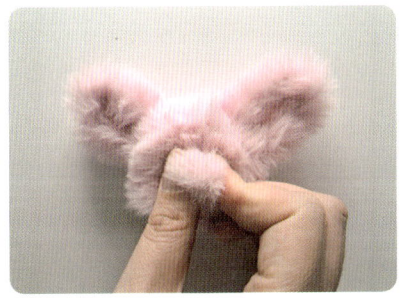

20 주둥이 부분의 철사를 꾹 눌러 완전히 접습니다.

tip 니들 플라이어를 사용해도 좋아요.

21 니들 플라이어로 주둥이 부분을 잡아서 위로 꺾습니다.

22 빗을 사용해 화살표 방향으로 털을 빗어서 모양을 깔끔하게 정리합니다.

23 털을 정리한 모습입니다.

24 목공풀을 사용해 주둥이 중앙에 코를 답니다.

25 목공풀을 사용하지 않은 상태로 눈을 넣어서 위치를 먼저 확인합니다.

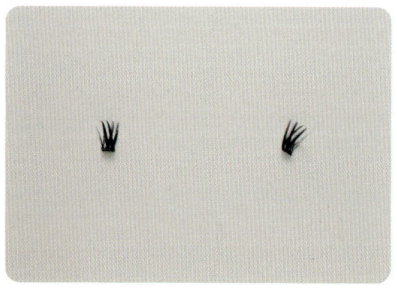

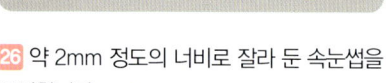

26 약 2mm 정도의 너비로 잘라 둔 속눈썹을 준비합니다.

tip 언더 래시용 속눈썹을 잘라서 사용하거나, 이미 잘려 있는 가닥 속눈썹을 사용하면 돼요.

27 속눈썹을 붙일 위치를 잘 기억해 둔 다음 한쪽 눈을 빼고, 속눈썹에 목공풀을 넉넉하게 바릅니다.

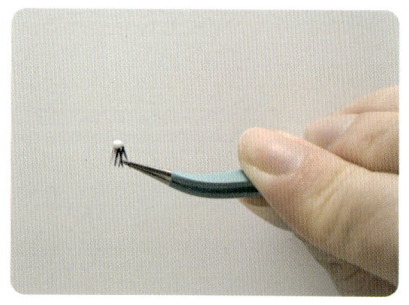

28 기억해 둔 위치에 속눈썹을 먼저 붙이고, 그다음 눈에 목공풀을 발라서 붙입니다.

tip 목공풀은 마르는 데에 시간이 걸리고, 주변에 묻더라도 굳으면 투명해지기 때문에 꼼꼼하게 모양을 수정할 수 있어요.

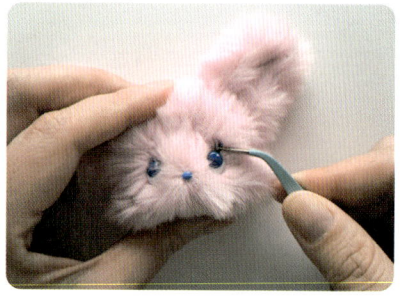

29 속눈썹과 눈에 바른 목공풀이 마르기 전에, 핀셋으로 속눈썹의 방향과 위치를 원하는 모양으로 교정합니다.

30 같은 방법으로 나머지 눈을 완성합니다.

31 눈을 가리는 털이 있다면 가위로 살짝 다듬어 줍니다.

tip 이때, 가윗날의 방향을 털의 결 방향과 동일하게 두고 다듬어야 자연스러워요.

32 파스텔로 볼터치를 넣고 리본을 붙여 토끼를 완성합니다.

46

04

뱁새

⭐☆☆☆☆

새초롬하고 작은 부리가 무척 앙증맞은 동글동글한 모양의 뱁새입니다. 여러 종류의 모루를 사용해서
다양한 색으로 만들 수 있습니다. 노란색으로 만들어 병아리나 오리로 활용해도 좋습니다.
동그란 부리와 뾰족한 부리를 사용해 디테일을 살려 주면 더욱 귀엽고 생동감 있는 인형이 완성됩니다.

Materials

- 노란색 밍크 모루 한 줄(두께 15mm)
- 검은색 눈 한 쌍(2.5mm)
- 검은색 부리 한 개

※ 1~16번 과정 사진은 이해를 돕기 위해 밍크 모루가 아닌 복슬 모루를
사용했습니다.

1 폭이 3cm 정도 되는 종이를 준비합니다.

tip 흐물거리지 않도록 얇은 종이를 3~4번 접어서 붙인 다음 사용했어요. 폭이 3cm 정도인 자나 다른 물건 또는 손가락에 끼워 만들어도 좋아요.

2 종이를 놓고 모루를 한 번 감습니다. 별 부분이 모루의 시작점입니다.

3 같은 방법으로 한 번 더 감습니다.

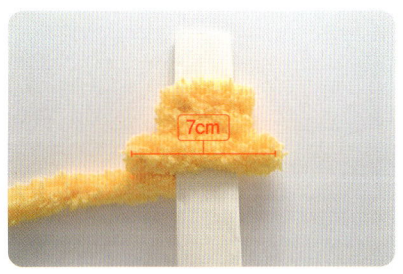

4 세 번째 모루는 폭이 7cm 정도 되도록 감습니다. 양쪽의 균형이 맞도록 잘 맞춰 주세요.

5 네 번째 모루는 종이에 딱 맞게 감습니다.

6 다섯 번째 모루까지 딱 맞게 감습니다.

7 남은 모루를 사진처럼 위쪽으로 접습니다.

8 이번에는 세로 방향으로 모루를 감을 차례입니다. 겸자가 들어간 구멍 사이로 모루를 넣습니다.

tip 모루를 여러 번 감다 보면 구멍이 좁아지기 때문에, 겸자를 활용하면 좋아요.

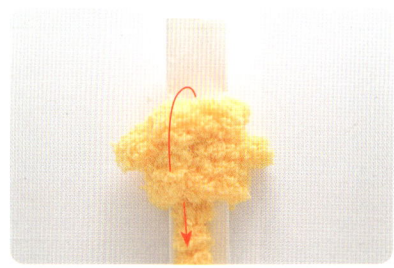

9 구멍 사이로 모루를 넣어 먼저 한 줄을 감습니다.

49

10 오른쪽으로 모루를 한 번 더 넣어 두 줄을 만듭니다.

11 마지막으로 모루를 한 번 더 넣어 마지막 세 줄까지 감은 모습입니다. 이렇게 총 세 줄을 감은 것이 1단이 됩니다.

tip 완성 후 동그란 모양이 되어야 하므로 모루를 적당히 당겨가면서 모양을 잡습니다.

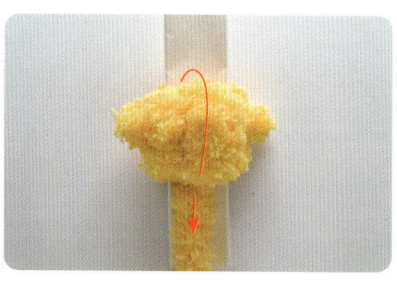

12 1단 위에 모루를 한 번 더 감아 2단을 만듭니다.

tip 통통한 볼륨을 더하는 과정입니다.

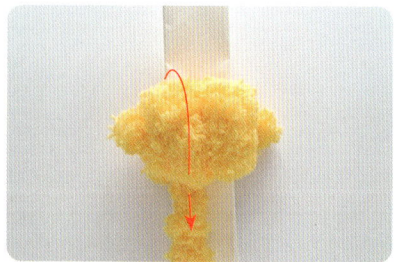

13 모루를 한 번 더 감아 총 두 줄을 만듭니다. 이렇게 두 줄을 감은 것이 2단이 됩니다.

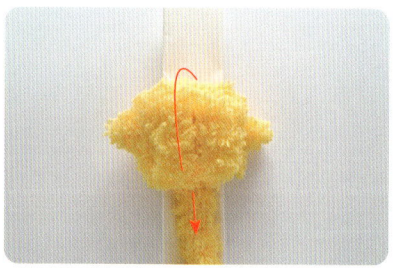

14 마지막으로 2단 위에 모루를 두 번 더 감아 3단을 만듭니다.

15 삐져나온 마지막 모루 끝은 구멍 사이로 넣어 마무리합니다.

tip 모루가 남거나 부족하다면 풀었다가 다시 만들어도 되고, 한 번 더 감거나 덜 감아 모양을 잡아도 좋아요.

16 종이를 제거합니다. 인형의 위아래는 모양을 보고 마음에 드는 쪽으로 결정하면 됩니다. 양쪽 날개 부분을 한 번씩 꼬아서 움직이지 않게 고정하여 모양을 잡습니다.

17 1~16번까지의 과정을 밍크 모루로 만든 모습입니다.

18 밍크 모루의 경우 눈과 부리를 붙이기 전 털을 정리하는 것이 중요합니다. 빗으로 가운데부터 사방으로 퍼지는 방향으로 털을 빗어서 정리합니다.

19 털을 정리한 모습입니다.

tip 빗은 종류에 상관없이 사용해도 됩니다.

20 부리에 목공풀을 바릅니다. 목공풀을 부리에 달린 심 부분을 포함하여 인형에 붙는 면적 전체에 발라야 단단하게 고정할 수 있습니다.

21 중심 부분에 부리를 붙입니다. 세모난 곳이 위쪽이지만 디자인에 따라 바꾸어 붙여도 됩니다.

22 목공풀로 눈을 붙입니다.

23 파스텔로 볼터치를 넣어 완성합니다.

24 다양한 종류의 모루와 부리를 이용해서 동일한 방법으로 병아리, 오리 등을 만들 수 있습니다.

05

푸들

⭐⭐☆☆☆

이번에는 네 발로 서 있는 귀여운 푸들을 만들어 봅니다.

진짜 푸들처럼 곱슬곱슬한 털의 모루를 사용하면 천진난만한 귀여움이 두 배가 돼요.

키링으로 만들어도 좋고, 네 발로 가볍게 세울 수 있어 귀여운 소품으로 장식하기도 좋습니다.

Materials

- 캐멀색 곱슬 모루 한 줄(두께 15mm)
- 검은색 눈 한 쌍(3.5mm×4.5mm, 타원형)
- 갈색 삼각코 한 개(6mm)
- 체크무늬 리본(6mm×25cm)

1 모루를 반으로 접습니다.

2 접은 모루 사이에 손가락을 끼워 약 7cm 정도 둘레의 고리를 만들고, 한 번 꼬아 고정합니다.

3 꼬아 놓은 고리를 앞쪽으로 꺾습니다. 이 부분이 주둥이가 됩니다.

4 양쪽 모루의 끝을 위에서 아래로 고리 사이에 집어넣습니다.

3cm

5 사진처럼 손가락을 넣어 3cm 정도를 남기고 당깁니다. 이 부분이 귀가 됩니다.

6 양쪽 귀가 시작되는 부분을 반 바퀴 꼬아 줍니다.

7 귀를 양쪽으로 벌려서 푸들의 귀 모양을 잡습니다.

8 오른쪽 아래에 있는 모루로 오른쪽 귀를 감듯이 앞에서 뒤로 넘깁니다.

9 왼쪽도 같은 과정을 한 번 반복합니다.

53

10 왼쪽 모루를 왼쪽에서 오른쪽으로 접어 얼굴의 볼륨을 만듭니다.

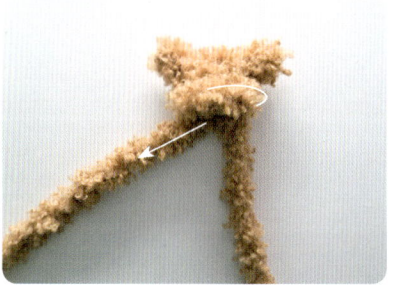

11 오른쪽으로 넘어간 모루를 뒤로 접어 다시 오른쪽에서 왼쪽으로 넘깁니다.

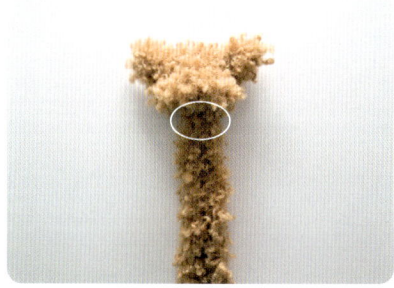

12 목 아래로 내려온 모루 두 줄을 두 번 꼬아 고정합니다.

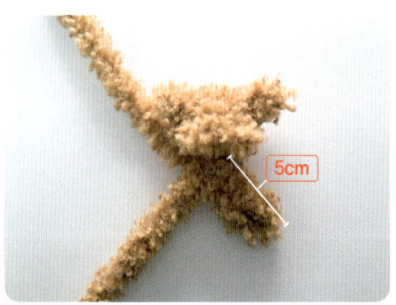

13 오른쪽 모루를 5cm 정도 부분에서 앞에서 뒤로 접어 다리를 만듭니다.

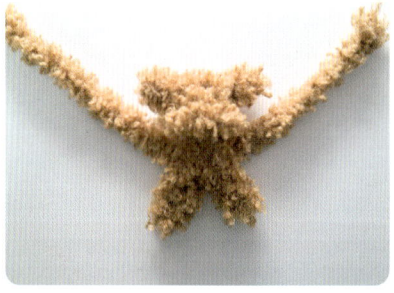

14 왼쪽 모루도 같은 방법으로 다리를 만듭니다.

15 발끝에서 2.5cm 정도 윗부분을 각각 두 번 꼬아 고정합니다. 이 부분이 푸들의 뒷다리가 됩니다.

16 **뒷면** 인형을 뒤집습니다.

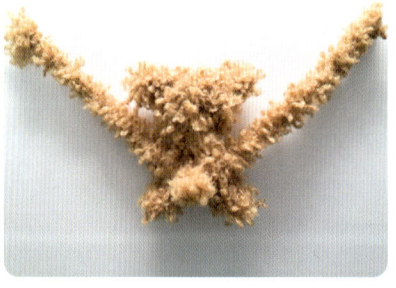

17 **뒷면** 조금 더 긴 쪽의 모루를 1.5cm 접어 꼬리를 만들고, 꼬리의 뿌리 부분을 한 번 꼬아 고정합니다.

18 **뒷면** 오른쪽 모루를 왼쪽으로 접습니다. 이때 접힌 모루는 인형의 앞면(사진상에서는 인형과 바닥 사이)에 위치합니다.

19 **뒷면** 반대쪽 모루 역시 똑같이 접습니다.

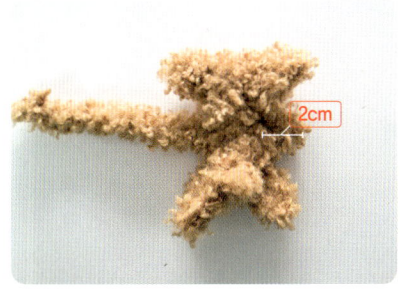

20 **뒷면** 오른쪽 모루의 2cm 부분을 접어 팔을 만듭니다.

21 **뒷면** 왼쪽도 동일하게 접어 팔을 만듭니다.

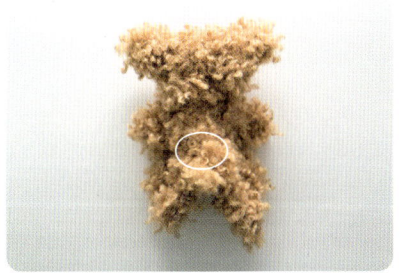

22 **뒷면** 모루 두 줄이 교차한 부분(꼬리의 위)에서 한 번 꼬아 고정합니다.

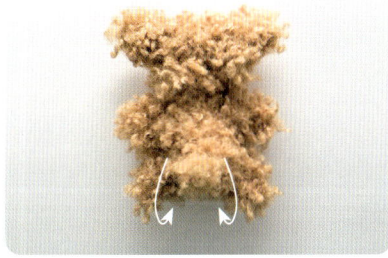
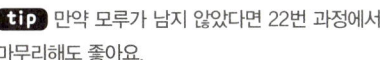

23 **뒷면** 밑으로 남은 모루 두 줄을 접어서 앞쪽으로 넘깁니다.

tip 만약 모루가 남지 않았다면 22번 과정에서 마무리해도 좋아요.

24 인형을 앞으로 뒤집어 앞모습을 확인합니다.

25 23번 과정에서 접어 넘긴 모루는 그대로 접착제로 붙이거나, 겸자를 넣은 곳으로 밀어 넣습니다.

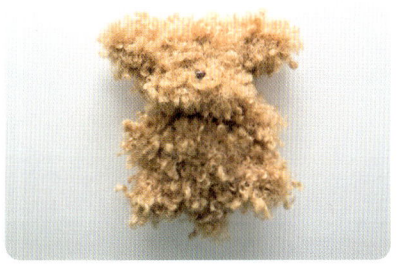

26 얼굴 중앙에 목공풀로 코를 붙입니다. 코를 넣을 부분이 헐거울 수 있으니 풀을 충분히 묻히고 굳을 때까지 기다립니다.

27 목공풀로 눈을 붙입니다.

28 파스텔로 볼터치를 넣습니다.

29 인형의 앞발과 뒷발을 사진처럼 앞쪽으로 접습니다.

30 목을 살짝 뒤쪽으로 꺾어 모양을 잡습니다.

31 목에 리본을 달아서 완성합니다.

06

쿼카

★★⯪☆☆

만들기 동영상

깜찍한 외모 덕분에 누구에게나 사랑받는 귀염둥이 쿼카입니다.

땅딸한 몸집과 빵실빵실한 볼, 동그랗게 가운데 콕! 박힌 코에 신경 써서 만들어 주세요.

빵빵한 볼의 볼륨을 잘 만들면 쿼카의 특징을 더 살릴 수 있어요.

Materials

- 갈색 복슬 모루 한 줄(두께 15mm)
- 검은색 눈 한 쌍(3mm)
- 갈색 타원형 눈 한 개(6mm×8mm, 코로 사용)
- 남색 리본(6mm×30cm)

1 모루를 절반으로 접은 다음, 중심부에 손가락을 넣고 두 번 감아 두 줄짜리 고리를 만들고, 두 번 꼬아 고정합니다.

2 두 줄이 된 고리를 앞으로 꺾어 줍니다. 이 부분이 쿼카의 얼굴이 됩니다.

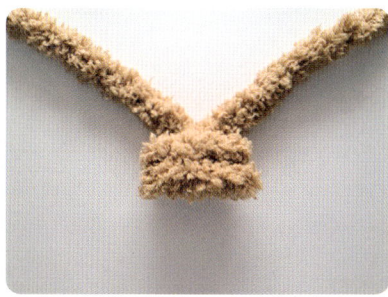

3 위쪽 모루를 양쪽으로 벌립니다.

4 양쪽 모루를 아래에서 위로 고리 안에 집어넣습니다.

5 고리에 넣은 모루를 그대로 끝까지 쭉 당기면 고리 양쪽으로 쿼카의 빵빵한 볼이 표현됩니다.

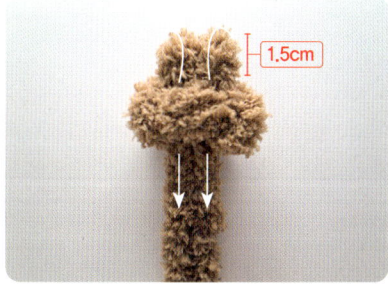

6 위로 올라온 모루를 1.5cm 지점에서 뒤쪽으로 접고, 위에서 아래로 고리 안에 넣습니다.

7 귀를 각각 두 번 꼬아 주고, 목도 두 번 꼬아서 고정합니다.

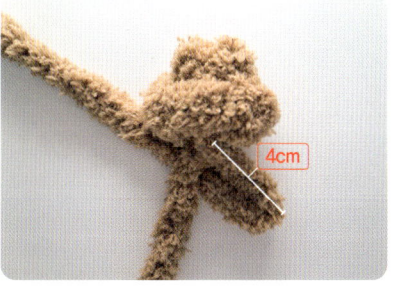

8 오른쪽 모루를 앞에서 뒤로 4cm 정도 접어서 다리를 만듭니다.

9 왼쪽 모루도 똑같이 4cm 정도로 접어서 다리를 만듭니다.

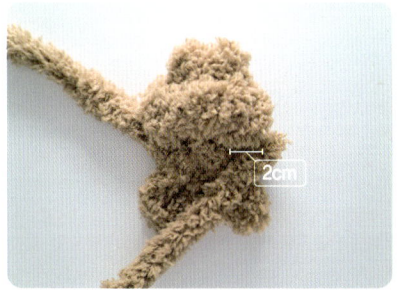

10 오른쪽 모루를 뒤에서 앞으로 다시 2cm 정도 접어서 팔을 만듭니다.

11 같은 방법으로 왼쪽 팔도 만듭니다.

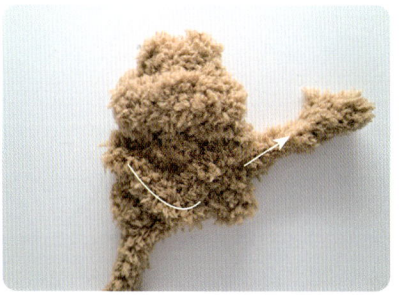

12 위에서 접은 모루를 다리 사이 밑으로 통과하도록 앞에서 뒤로 접습니다.

13 왼쪽 모루도 다리 사이를 지나도록 앞에서 뒤로 접어서, 모루의 끝이 팔과 다리 사이에 오도록 합니다.

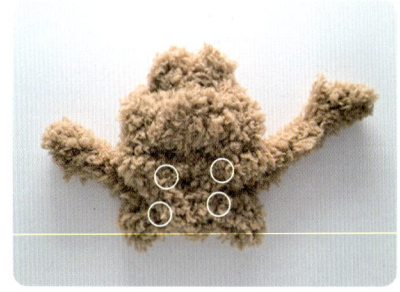

14 팔과 다리를 각각 두 번 꼬아 움직이지 않게 고정합니다.

15 오른쪽 뒤에 있던 모루를 앞쪽으로 꺾어 가져옵니다.

16 왼쪽의 모루도 앞으로 가져와 양쪽 모루가 서로 교차하도록 합니다.

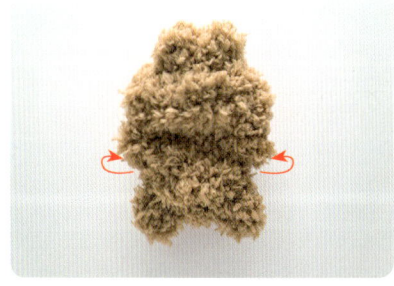

17 모루의 양쪽 끝으로 몸통을 감듯이 뒤쪽으로 넘깁니다.

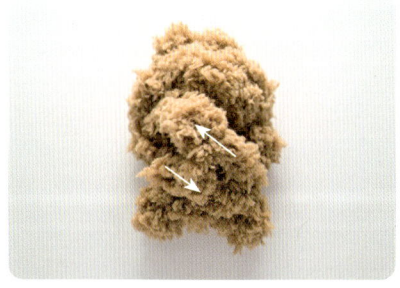

18 **뒷면** 인형을 뒤집어 줍니다. 뒷면에서 만난 두 모루의 끝을 두 번 꼬아서 고정합니다.

19 **뒷면** 꼰 모루를 평평하게 펼쳐 끝부분을 마무리합니다.

tip 모루가 너무 길다면 조금 잘라 마무리하고, 털이 너무 튀어나와 지나친 부피감이 생긴다면 털을 조금 잘라 정리해요.

20 다시 인형을 뒤집어서 앞을 보게 합니다. 쿼카의 형태가 완성되었습니다.

21 얼굴 중앙에 코가 들어갈 자리를 잡고, 목공풀로 붙입니다.

22 목공풀로 눈을 붙입니다. 털이 눈을 가리는 부분이 있다면 살짝 잘라 정리합니다.

23 파스텔로 볼터치를 추가합니다.

24 목에 리본을 두르면 쿼카 완성!

07

토끼

★★⯪☆☆

빵빵하게 털 찐 모습이 귀여운 민트색 토끼 인형이에요. 풍성한 털과 상반되는 작은 눈과 코를 콕 찍어 달아 주면
매력 어필 완료! 무해하고 사랑스러운 외모 덕분에 누구나 호불호 없이 좋아할 만한 인형이랍니다.

Materials

- 민트색 밍크 모루 한 줄(두께 15mm)
- 살구색 타원형 눈 한 개(2.5mm×3.5mm, 코로 사용)
- 보라색 눈 한 쌍(3mm)
- 핑크색 공단 리본 한 개(리본끈 약 30cm 정도)
- 솜방울(폼폼이) 한 개(1cm, 꼬리로 사용)

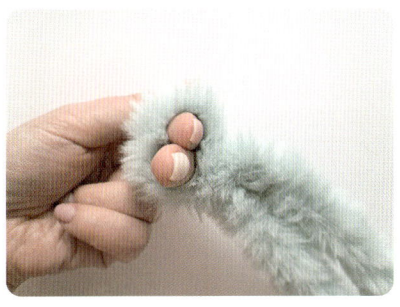

1 모루를 절반으로 접은 상태에서 손가락 두 개를 넣어 고리를 만든 후, 두 번 꼬아 고정합 니다(고리의 반지름은 약 3.5cm 정도입니다).

2 고리를 앞으로 꺾어 줍니다.

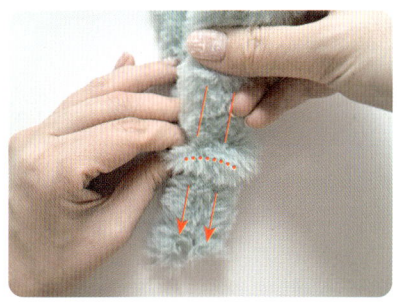

3 위로 올라온 모루 두 줄을 고리 안으로 집 어넣습니다.

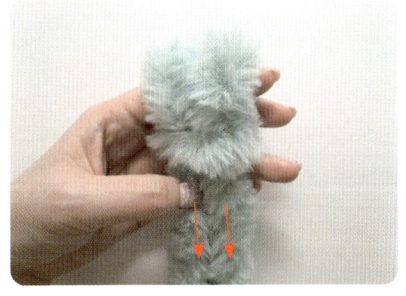

4 사진처럼 손가락을 걸어서, 집어넣은 모 루가 고리에서 완전히 빠져나오지는 않도록 잡고 쭉 당깁니다.

3cm

5 고리 위로 3cm 정도 위치에서 모루를 고 정합니다. 고리 위로 올라온 모루가 양쪽 귀 가 됩니다.

6 귀의 뿌리 쪽을 두 번 감아 고정합니다.

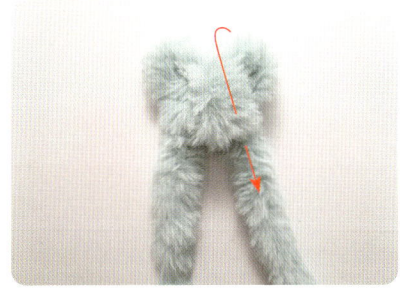

7 오른쪽 아래 모루로 오른쪽 귀를 앞에서 뒤로 한 번 감습니다.

8 왼쪽 아래 모루로 왼쪽 귀를 앞에서 뒤로 한 번 감습니다.

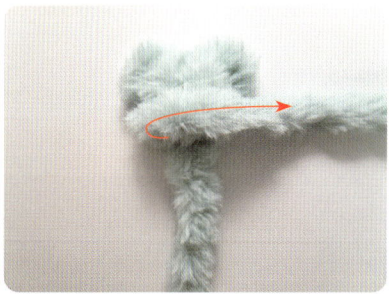

9 얼굴의 볼륨을 살리기 위해, 왼쪽 모루를 사용해 왼쪽에서 오른쪽으로 얼굴을 한 번 감 싸 줍니다.

10 뒤쪽으로 넘어간 모루를 사진과 같이 꺾어서 놓습니다.

11 두 줄의 모루를 두 번 꼬아 목 부분에서 고정합니다.

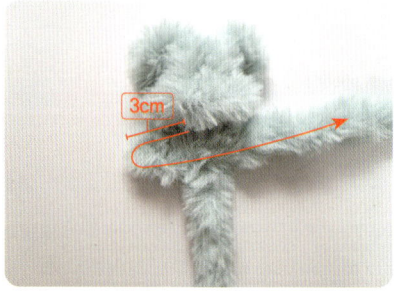

12 왼쪽 모루(짧은 모루)를 3cm 정도로 접어 팔을 만듭니다.

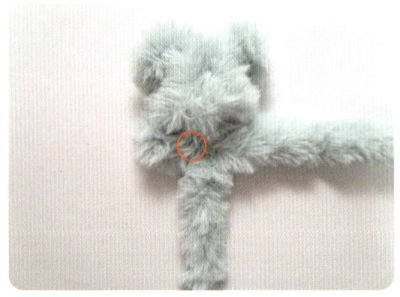

13 팔의 시작 부분을 두 번 꼬아 고정합니다.

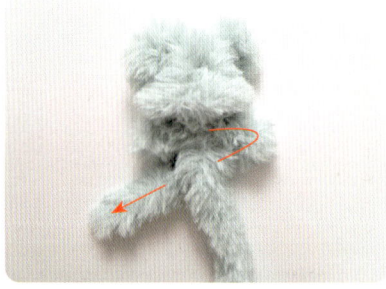

14 오른쪽 팔도 동일한 방법으로 만듭니다.

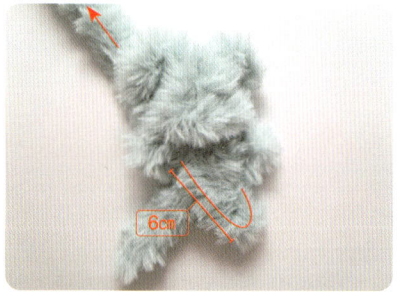

15 팔을 만든 모루는 그대로 두고, 길게 남아 있던 모루를 6cm 정도 길이의 대각선으로 뒤로 꺾어 오른쪽 다리를 만듭니다.

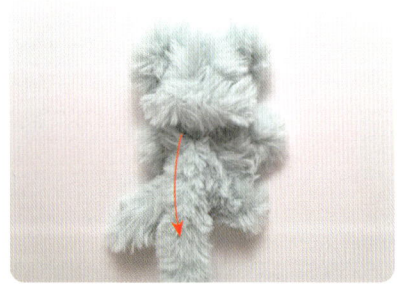

16 뒤로 꺾인 모루를 다시 왼쪽 팔과 얼굴 사이를 지나 앞으로 넘깁니다.

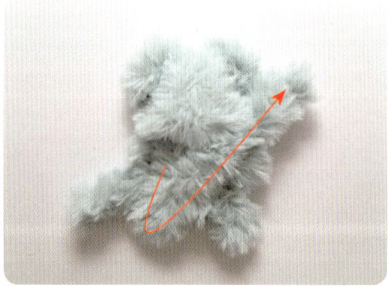

17 15번 과정과 동일하게, 이번에는 앞쪽으로 꺾어 왼쪽 다리를 만듭니다.

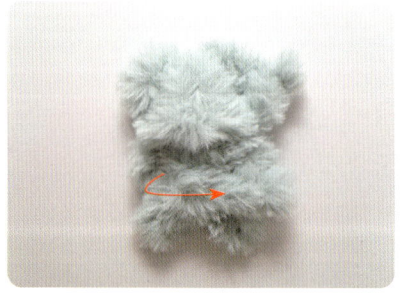

18 팔을 만들고 남아 있던 짧은 모루로 몸통을 덮듯이 오른쪽으로 넘깁니다.

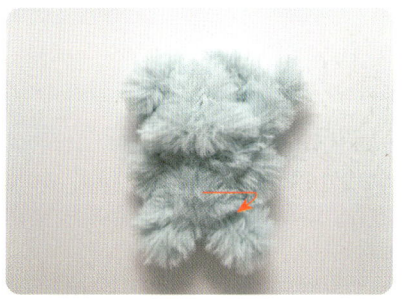

19 오른쪽에 남은 모루를 다시 뒤쪽으로 꺾습니다.

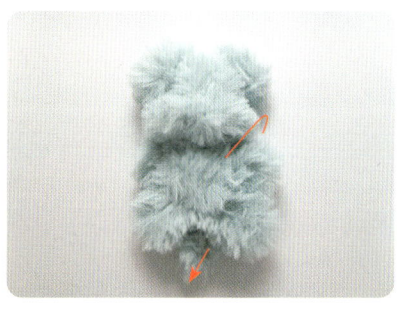

20 다리를 만들고 남은 모루를 오른쪽 팔과 얼굴 사이를 지나 뒤로 넘깁니다. 이때 넘긴 모루의 끝이 인형의 다리 사이 뒤쪽에 조금 길게 나옵니다.

21 몸통을 가로로 지나가는 모루 고리 안으로, 앞에서 꺾어 다리 사이 뒤쪽에 길게 나와 있던 모루를 집어 넣습니다.

22 집어 넣은 모습입니다.

tip 혹시 모루가 너무 길게 남을 경우에는 끝을 잘라 내고 접거나, 한 번 더 감는 방법을 사용하면 좋습니다. 반대로 모루가 너무 짧게 남을 경우는 꼭 이와 같은 방법이 아니더라도 몸에 감아서 마무리하면 됩니다.

23 귀와 팔 등의 철사를 잘 눌러 모양을 잡습니다.

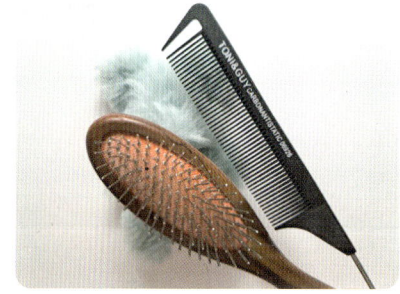

24 빗으로 털을 빗겨서 정돈합니다.

tip 철사로 된 털이 있는 원단 전용 빗을 사용하면 털이 덜 상하지만, 일반적인 꼬리빗을 사용하거나 손으로 빗어도 괜찮습니다.

25 얼굴은 정 가운데 코가 들어가는 곳을 중심으로 하여 사방으로 빗고, 귀는 밑에서 위로, 팔과 다리는 안쪽에서 끝쪽으로 빗습니다.

26 목공풀을 이용하여 중앙에 코를 먼저 붙입니다.

27 목공풀로 원하는 위치에 눈을 붙입니다. 눈과 코가 조금 헐거울 수 있기 때문에 목공풀이 완전히 마를 때까지 기다리는 것이 좋습니다.

28 인형 목에 공단 리본을 감아 앞에서 리본을 만들어도 좋고, 만들어진 리본을 붙여도 좋습니다. 리본은 목공풀이나 글루건을 이용하여 붙입니다.

29 인형 엉덩이에 솜방울(폼폼이) 꼬리를 글루건으로 붙입니다. 필요에 따라 생략해도 괜찮습니다. 털 때문에 잘 붙지 않을 경우는 꼬리가 붙을 부분의 털을 살짝 자른 후 붙여 주세요.

30 파스텔로 볼터치를 합니다.

31 필요한 경우 털을 살짝 다듬습니다. 생략해도 괜찮습니다.

32 귀여운 토끼가 완성되었습니다. 다양한 색으로 만들어 보세요.

Insidy

08

생쥐

★★☆☆☆

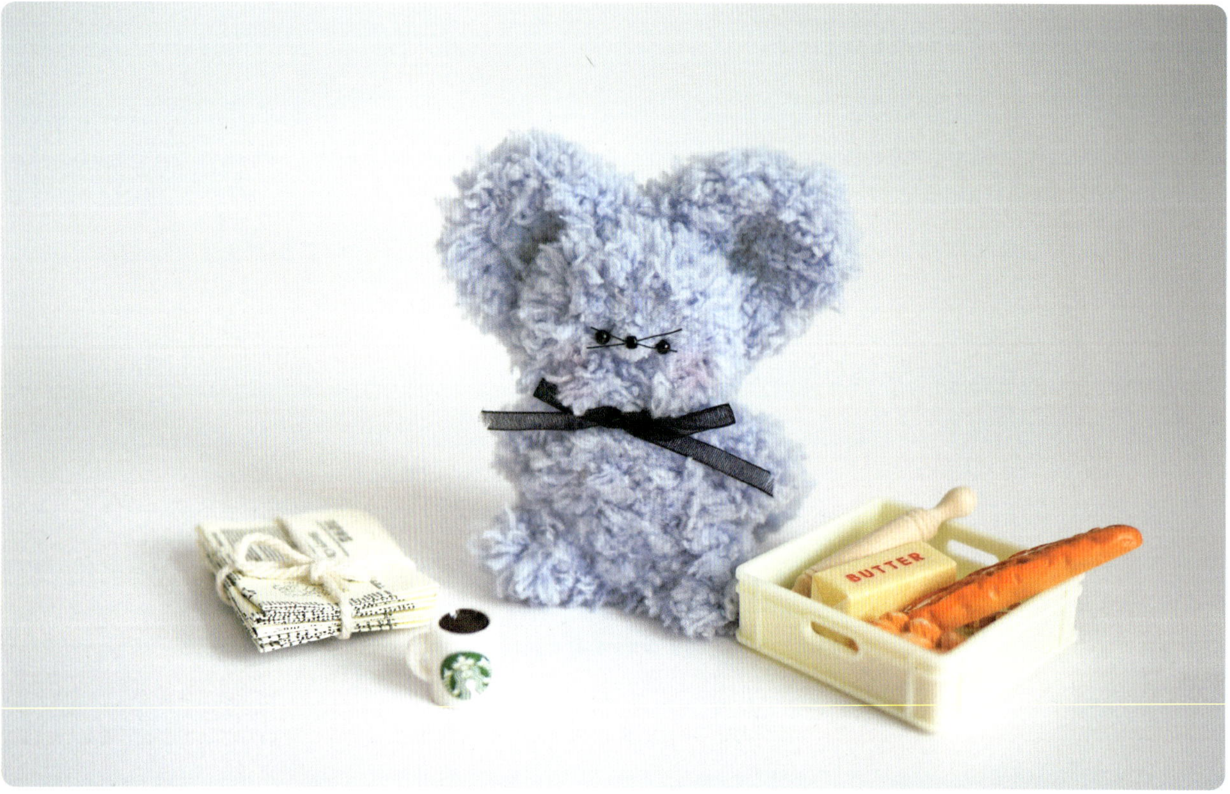

뾰족하고 작은 주둥이와 코, 리얼한 수염까지 달아 귀여운 생쥐를 만들어 봐요.
동그랗고 납작한 귀와 몸통에 비해서 한없이 커다란 머리가 이 인형의 매력 포인트랍니다.
짧은 다리와 기다란 꼬리로 생쥐의 특징을 살려 보세요.

Materials

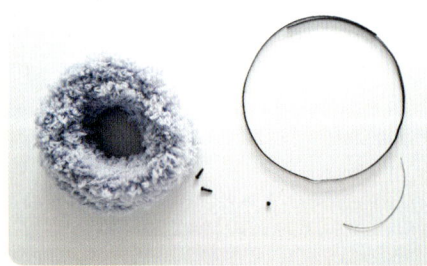

- 블루 그레이색 복슬 모루 한 줄(두께 15mm)
- 검은색 눈 한 쌍(2.5mm)
- 검은색 비탄성 우레탄 줄 약간(또는 검은색 와이어 줄)
- 검은색 오간자 리본(3mm×25cm)
- 검은색 시드비즈 한 알(2mm, 코로 사용)

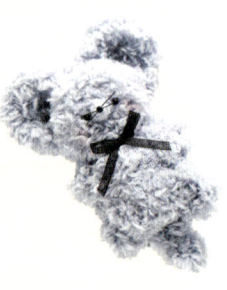

1 모루를 절반으로 접습니다.

2 접은 곳에서 4cm 윗부분을 두 번 꼬아 고정합니다.

3 꼬아 놓은 부분을 앞쪽으로 꺾습니다. 이 부분이 생쥐의 주둥이가 됩니다.

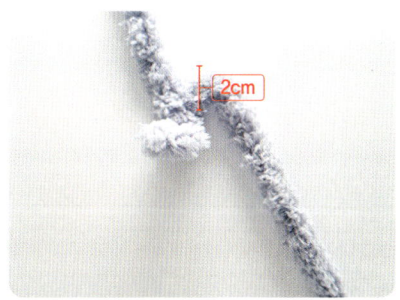

4 오른쪽 모루를 2cm 부분에서 아래로 꺾습니다. 이 부분이 귀가 됩니다.

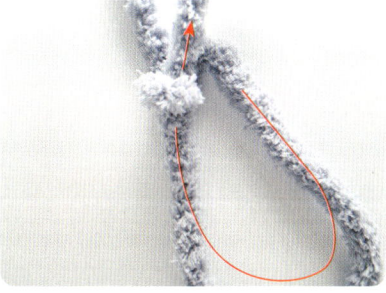

5 이어서 오른쪽 모루의 끝부분을 아래에서 위로 주둥이 고리 사이에 넣습니다.

6 넣어서 당기면 사진과 같은 모양이 됩니다.

7 위로 당긴 모루를 미리 만들어 두었던 2cm 크기의 귀 외곽에 둘러줍니다. 귀에 볼륨감을 만드는 과정입니다.

8 왼쪽도 4~7번 과정을 반복하여 귀를 만들어 줍니다.

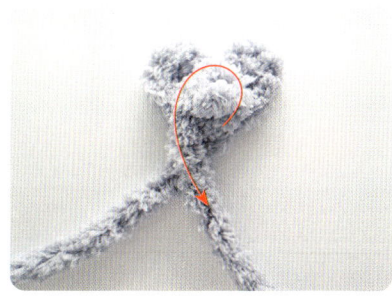

9 8번 과정 사진에서 오른쪽을 향해 있던 모루로 주둥이 부분을 한 바퀴 돌려 감아 얼굴의 볼륨을 만듭니다.

10 남은 반대쪽 모루도 똑같이 반복하여 얼굴 모양을 만듭니다.

11 모루 두 줄을 목 부분에서 두 번 꼬아 고정합니다.

12 오른쪽 모루를 3.5cm 정도 앞으로 접어 다리를 만듭니다. 이때 접은 모루는 인형의 위쪽에 놓도록 합니다.

13 왼쪽 모루도 똑같이 접어 올려 왼쪽 다리를 만듭니다.

14 오른쪽 위로 올라온 모루를 왼쪽 다리 끝에서부터 5.5cm 지점에서 뒤로 접어 오른쪽 팔을 만듭니다.

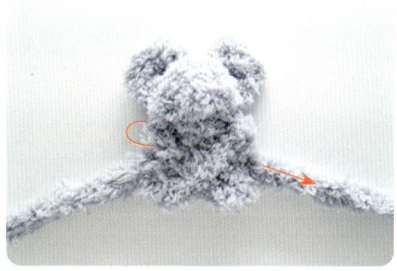

15 동일한 방법으로 왼쪽 팔을 만듭니다.

16 오른쪽에 나와 있던 모루를 앞쪽 몸통에 겹치도록 접습니다.

17 반대쪽 모루도 똑같이 앞쪽으로 접습니다.

18 오른쪽 모루를 머리와 어깨 사이로 넘겨 뒤로 접습니다.

19 반대쪽 모루 역시 똑같이 접어서 뒤로 넘깁니다.

20 뒤로 넘긴 모루 두 줄을 인형의 다리 밑으로 모아 줍니다.

21 오른쪽 모루 한 줄을 팔과 다리 사이로 접습니다.

22 반대쪽도 동일하게 접습니다.

23 `뒷면` 인형을 뒤집으면 앞에서 뒤로 넘긴 모루 두 줄이 보입니다.

24 `뒷면` 모루 두 줄을 두 번 꼬아 고정합니다. 더 길게 남은 모루가 생쥐의 꼬리가 됩니다.

25 `뒷면` 더 짧게 남은 모루는 꼬리가 시작되는 부분에 돌돌 감아 마무리합니다.

`tip` 모루가 너무 길게 남았다면 조금 자른 뒤에 마무리하고, 반대로 너무 짧아서 감을 수 없을 때는 접착제로 붙여요.

26 인형을 다시 앞으로 돌립니다.

27 주둥이 부분을 니들 플라이어로 눌러 뾰족하게 모양을 잡습니다.

28 생쥐의 형태가 완성되었습니다.

29 눈이 들어갈 부분의 털을 정리합니다.

30 주둥이를 제외하고 털을 정리한 모습입니다.

31 주둥이의 털은 가위를 세워서 원뿔 모양이 될 수 있도록 다듬어 줍니다.

32 주둥이의 털까지 다듬은 모습입니다.

33 인형의 목을 살짝 뒤로 젖힌 후, 목 아래쪽에 튀어나온 털을 정리합니다.

tip 튀어나온 털이 없다면 생략해도 괜찮아요.

34 모든 털을 정리한 모습입니다.

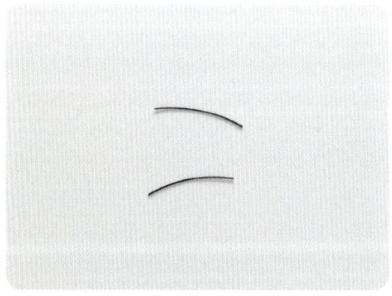

35 검은색 우레탄 줄이나 와이어 줄을 약 1.5~1.7mm 정도의 길이로 잘라 두 개 준비합니다.

36 순간접착제를 여유 있게 짭니다.

tip 사용하지 않을 플라스틱이나 아크릴 판을 사용하면 좋아요.

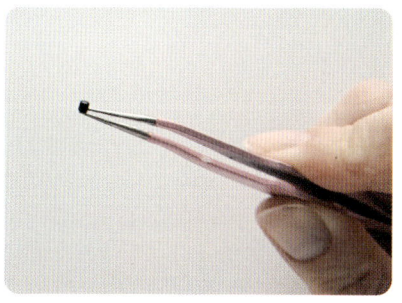

37 핀셋으로 비즈 가운데 구멍에 핀셋 한쪽 끝이 들어가도록 집습니다.

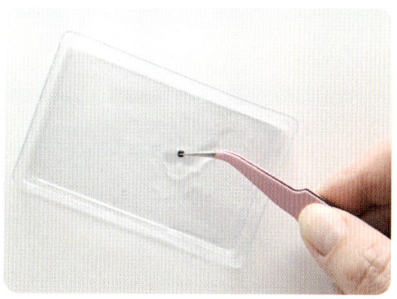

38 비즈 한쪽에 순간접착제를 묻힙니다.

39 비즈를 코 끝에 붙입니다.

tip 털 때문에 한 번에 잘 붙지 않을 수 있어요. 접착제를 충분히 바르고 잘 고정되도록 오래 눌러 줍니다.

40 코를 붙인 모습입니다.

41 비즈 구멍 사이에 우레탄 줄 두 개를 끼우고, 구멍 안에 순간접착제를 붙여서 수염을 만듭니다.

42 측면에서 보면 이런 모습입니다. 순간접착제 사용이 어렵다면 목공풀을 사용해서 붙입니다.

tip 목공풀을 사용했을 때는 완전히 굳을 때까지 오래 기다려야 해요.

43 수염의 모양을 바꾸고 싶을 때는 접착제가 완전히 마른 다음, 수염을 손톱으로 꾹 눌러 힘을 주고 긁어 줍니다.

44 목공풀로 눈을 붙입니다.

45 파스텔로 볼터치를 합니다.

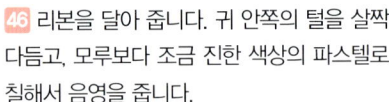

46 리본을 달아 줍니다. 귀 안쪽의 털을 살짝
다듬고, 모루보다 조금 진한 색상의 파스텔로
칠해서 음영을 줍니다.

47 완성한 모습입니다.

09

루돌프

⭐⭐⭐☆☆

겨울이 오면 **빼놓을 수 없는** 빨간 코의 루돌프! 모루로 만든 뿔을 달고 목도리를 둘러서 한껏 겨울 분위기를 내 봐요.
빨간 솜방울 코까지 달아서 트리 옆에 장식하면 올겨울 크리스마스 준비 완료!

Materials

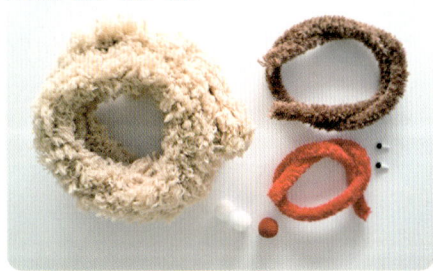

- 베이지색 복슬 모루 한 줄(두께 15mm)
- 갈색 기본 모루 약간(9mm×23cm)
- 빨간색 기본 모루 약간(6mm×14cm)
- 초록색 눈 한 쌍(3mm)
- 빨간색 솜방울(폼폼이) 한 개(8mm, 코로 사용)
- 흰색 솜방울(폼폼이) 두 개(8mm, 목도리 장식용)

1 갈색 기본 모루의 양 끝을 꼬아서 동그랗게 고정합니다.

2 중앙을 눌러 사진과 같은 모양을 만들고, 양쪽 모두 시작점을 두 번씩 꼬아 고정합니다.

3 중심에서부터 약 2cm 떨어진 부분을 접어 올려 1cm의 작은 뿔을 만듭니다.

4 반대쪽도 똑같은 뿔을 만듭니다.

5 베이지색 복슬 모루를 절반으로 접습니다.

6 모루 사이에 손가락을 넣어 지름 약 7cm 정도 되는 고리를 만들고, 한 번 꼬아 고정합니다.

7 고리를 앞쪽으로 꺾습니다. 이 고리 부분이 얼굴이 되고, 위쪽 모루 두 줄이 귀가 됩니다.

8 위로 올라온 모루 두 줄의 양 끝을 잡고, 고리 안으로 집어넣습니다.

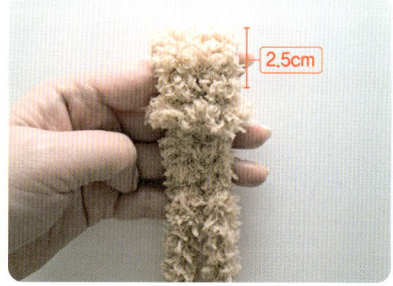

9 집어넣은 모루를 고리 아래로 쭉 잡아당기면서 2.5cm 정도를 남겨 둡니다. 루돌프의 귀가 될 부분입니다.

tip 모루를 잡아당길 때 완전히 빠지지 않게 고리에 손가락을 넣으면 편해요.

10 귀의 시작 부분을 반 바퀴 정도만 꼬아서
사진 속의 모양을 만듭니다.

11 미리 만들어 둔 뿔의 중심과 머리의 중심
을 맞춰서 준비합니다.

12 오른쪽 아래 모루를 이용해 귀와 뿔을 앞
에서 뒤로 함께 감습니다.

13 왼쪽 모루도 동일하게 뒤로 감아 줍니다.

14 오른쪽 아래로 나와 있는 모루를 왼쪽 귀
의 구멍 안으로 넣습니다.

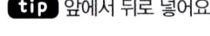 앞에서 뒤로 넣어요.

15 왼쪽 아래 모루도 동일하게 오른쪽 귀의
구멍 안으로 넣습니다.

16 귀 뒤편으로 나온 모루 두 줄을 사진처럼
목 아래로 모아 줍니다.

17 두 번 꼬아 목을 고정합니다.

18 오른쪽 모루를 목에서 5cm 위치에서 뒤
에서 앞으로 접어 오른쪽 다리를 만듭니다.

19 왼쪽 모루도 마찬가지로 목에서 5cm 위치에서 접어 왼쪽 다리를 만듭니다.

20 오른쪽으로 올라온 모루를 다시 인형의 목뒤로 접어 왼쪽으로 보냅니다.

21 왼쪽으로 올라온 모루도 동일하게 인형의 목뒤로 접어 오른쪽으로 보냅니다.

22 오른쪽으로 나온 모루를 뒤에서 앞으로 2.5cm 정도 접어 오른쪽 팔을 만듭니다.

23 왼쪽으로 나온 모루도 동일하게 접어 왼쪽 팔을 만듭니다.

24 앞에서 교차한 모루 두 줄을 그대로 인형의 등 뒤로 보내서 아래쪽에 모아 줍니다.

25 뒷면 인형을 뒤로 돌려 모양을 확인합니다.

26 뒷면 아래쪽에 있던 모루 두 줄을 위로 올려 접습니다.

27 뒷면 이 상태에서 접착제로 붙여도 되고, 몸통을 가로로 지나는 모루 고리 사이에 넣어 마무리해도 됩니다.

tip 너무 길게 남았을 경우는 모루의 끝을 자른 후 마무리해요.

28 인형을 다시 앞으로 돌려서 모양을 확인합니다.

29 가위로 얼굴의 털을 다듬어 줍니다.

30 털이 많으면 코가 될 솜방울이 잘 붙지 않으므로, 코를 붙일 부분과 눈이 들어갈 부분의 털을 잘 정리합니다.

31 글루건으로 얼굴 중앙에 솜방울 코를 붙입니다.

32 목공풀로 눈을 붙입니다.

33 목도리가 될 빨간색 기본 모루 14cm를 준비하고, 양쪽 끝을 1cm씩 접어 철사가 날카롭게 튀어나오지 않도록 합니다.

34 인형의 목에 원하는 모양으로 목도리를 두릅니다.

35 목도리 끝부분에 글루건으로 흰색 솜방울을 붙입니다.

36 파스텔로 볼터치까지 완성한 모습입니다.

10

고양이

⭐⭐⭐½☆

이번에는 동글동글하고 귀여운 얼굴의 개냥이 인형을 만들어 볼게요. 솜방울로 만든 빵빵한 분홍색 볼과 리얼한 수염이 이 인형의 매력 포인트입니다. 둥근 얼굴에 콕 박힌 작은 코와 디테일을 살린 귀까지, 고양이 특유의 앙증맞은 외모를 섬세하게 표현해 보세요. 다른 색상으로 만들어 봐도 좋습니다.

Materials

- 하늘색 복슬 모루 한 줄(두께 15mm)
- 검은색 눈 한 쌍(2.5mm)
- 분홍색 눈 한 개(2.5mm×3.5mm, 코로 사용)
- 분홍색 솜방울(폼폼이) 두 개(1cm, 볼로 사용)
- 노란색 솜방울(폼폼이) 한 개(1cm, 꼬리로 사용)
- 체크무늬 리본(6mm×25cm)
- 검은색 비탄성 우레탄 줄 약간(수염으로 사용)

1 모루를 반으로 접습니다.

2 밑에서 2cm 부분을 두 번 꼬아 고정합니다.

3 꼬아 놓은 부분을 앞쪽으로 꺾습니다. 이 부분이 인형의 주둥이가 됩니다.

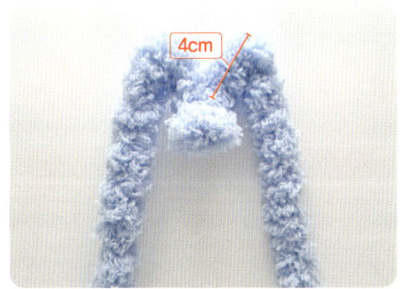

4 위로 올라온 양쪽 모루를 4cm 부분에서 접어 내립니다. 이 부분이 귀가 됩니다.

5 귀의 시작점을 각각 두 번 꼬아 고정합니다.

6 아래로 내려온 모루 두 줄을 서로 교차하여 놓습니다.

7 오른쪽 아래 모루로 오른쪽 귀를 감듯이 앞에서 뒤로 넘깁니다.

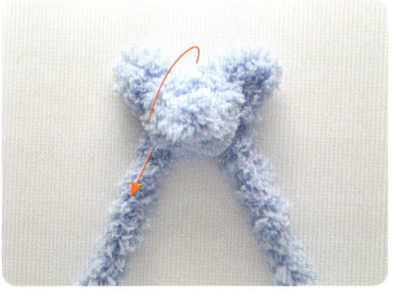

8 왼쪽 모루도 똑같이 작업합니다.

9 오른쪽 아래 모루로 주둥이 부분을 감듯이 돌려 얼굴의 볼륨을 만듭니다.

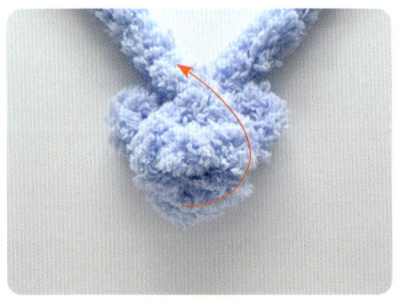

10 왼쪽 아래 모루도 똑같이 작업합니다.

11 위로 올라온 모루 두 줄을 얼굴 뒤쪽으로 넘겨서 내립니다.

12 **얼굴 하단** 인형의 아랫부분이 보이도록 들면 이런 모양이 됩니다.

13 **얼굴 하단** 사진 속 겸자가 들어간 부분에 오른쪽 모루를 넣습니다.

14 **얼굴 하단** 오른쪽 모루를 넣은 모습입니다.

15 **얼굴 하단** 사진 속 겸자가 들어간 부분에 왼쪽 모루를 넣습니다.

16 **얼굴 하단** 양쪽 모루를 각각 모두 넣은 모습입니다.

17 다시 인형 얼굴의 정면으로 돌아옵니다.

18 아래 모루 두 줄을 서로 교차하게 놓습니다.

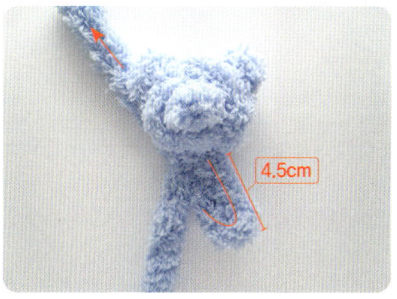

19 오른쪽 모루를 목에서부터 4.5cm 길이만큼 접어 다리를 만듭니다. 이때, 모루는 앞에서 뒤로 접습니다.

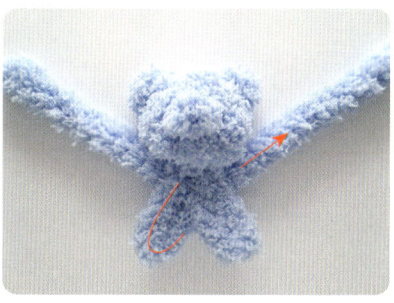

20 같은 방법으로 왼쪽 모루를 접어 왼쪽 다리를 만듭니다.

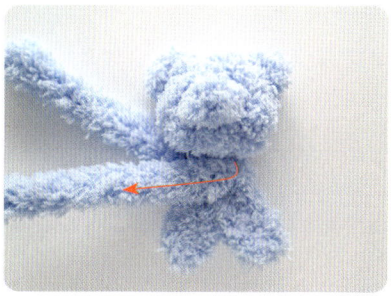

21 오른쪽으로 나와 있는 모루를 왼쪽으로 넘깁니다.

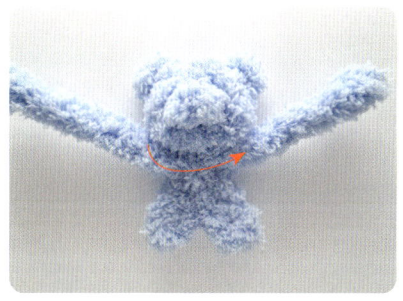

22 왼쪽으로 나와 있던 모루를 오른쪽으로 넘기면 사진과 같은 상태가 됩니다.

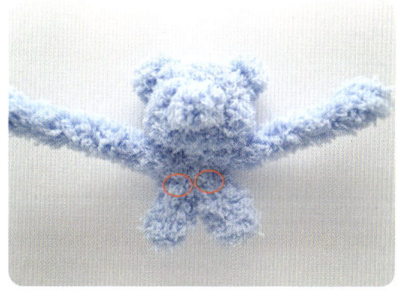

23 다리의 시작점을 각각 두 번 꼬아 움직이지 않게 고정합니다.

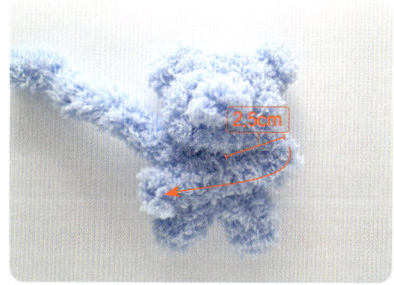

24 오른쪽으로 나온 모루를 목에서부터 2.5cm 길이로 접어 팔을 만듭니다. 이때 모루는 뒤에서 앞으로 접습니다.

25 팔을 만들고 남은 모루의 끝은 몸통 뒤로 접어 마무리합니다.

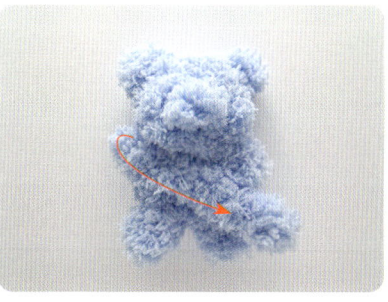

26 왼쪽 모루도 목에서부터 2.5cm 길이로 접어 왼쪽 팔을 만듭니다. 마찬가지로 뒤에서 앞으로 접습니다.

27 왼쪽 팔을 만들고 남은 모루의 끝도 몸통 뒤로 넘겨 마무리합니다.

28 팔의 시작점을 각각 두 번 꼬아 잘 고정합니다.

29 니들 플라이어를 사용해 주둥이의 모루가 완전히 접히도록 누릅니다.

30 니들 플라이어로 주둥이를 잡아 아래에서 위로 꺾습니다.

31 주둥이의 모양이 완성됐습니다.

32 귀의 끝부분을 눌러 삼각 모양을 만듭니다.

33 주둥이의 중심에 코를 붙입니다.

34 붙인 코를 중심으로 하여 털을 정리합니다.

tip 중간중간 털을 다듬으며 작업할 수 있으니 처음부터 너무 많이 잘라내지 않도록 주의해요.

35 먼저 주둥이의 외곽 라인 털을 다듬어 줍니다.

36 가위를 눕혀 외곽에서부터 중심 부분의 코까지 자연스럽게 반구형 모양으로 연결되도록 다듬어 줍니다.

37 주둥이의 털을 모두 다듬은 모습입니다.

38 글루건을 사용해 솜방울을 양쪽 볼에 붙입니다. 목공풀을 사용해도 되지만 완전히 마르기까지 시간이 오래 걸릴 수 있습니다.

39 눈을 붙입니다.

40 가위로 귀 바깥쪽의 털을 조금 더 세모난 모양으로 자르고, 귀 안쪽의 털을 잘라내 입체감을 살립니다.

41 수염이 될 검은색 우레탄 줄을 2cm 정도로 잘라 네 줄로 준비합니다. 붙인 후에도 잘라낼 수 있으니 넉넉한 길이로 자릅니다.

42 사용하지 않는 플라스틱이나 비닐에 순간접착제를 넉넉하게 짭니다.

43 핀셋을 이용해서 수염의 끝부분에 순간접착제를 묻힙니다.

tip 순간접착제는 손이나 핀셋에 묻으면 쉽게 제거되지 않으므로 주의해서 사용해요.

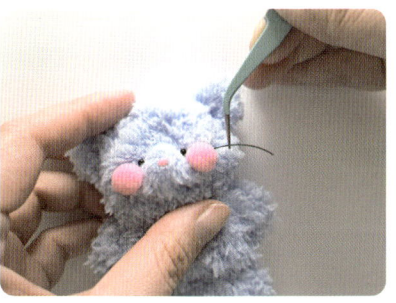

44 솜방울에 수염을 붙입니다.

45 순간접착제가 묻은 수염의 끝부분을 솜방울 안에 살짝 박아서 넣으면 잘 고정되어 쉽게 빠지지 않습니다.

46 수염 네 줄을 모두 붙입니다.

47 수염을 원하는 길이만큼 잘라 정리합니다.

48 목에 리본을 둘러 줍니다.

49 글루건으로 엉덩이에 솜방울을 붙여 꼬리를 만듭니다.

50 완성한 모습입니다.

11

강아지

⭐⭐⭐⭐⭐

만들기 동영상

이번에는 모루 두 개를 사용해서 더욱 크고 완성도 높은 강아지 인형을 만들어 볼게요.

다른 인형들보다 풍성한 모양 덕분에 입체적이고 탄탄한 느낌을 줍니다. 둥근 얼굴과 귀여운 귀, 섬세한 디테일을 살려서

강아지의 사랑스러운 매력을 표현해 보세요. 한 손 가득 잡히는 만족스러운 그립감이 특징이랍니다.

Materials

- 베이지색 밍크 모루 두 줄(두께 15mm)
- 수제 눈 한 쌍(6mm×8mm)
- 갈색 타원형 눈(5mm×6.5mm) 또는 삼각코(6mm) 한 개
- 체크무늬 리본 1개(6mm)
- 보라색 솜방울(폼폼이) 한 개(1cm)

1 모루를 절반으로 접습니다.

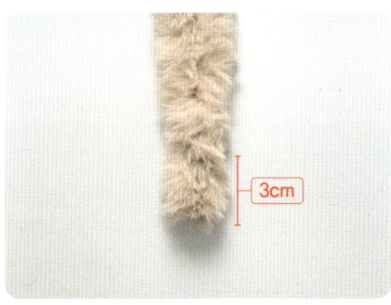

2 끝에서 3cm 길이에서 두 번 꼬아 고정합니다.

3 꼬아 놓은 부분을 앞쪽으로 꺾습니다. 이 부분이 강아지의 주둥이가 됩니다.

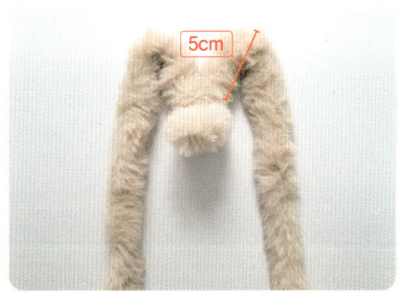

4 위로 올라온 양쪽 모루를 5cm 지점에서 접어 내립니다. 이 부분이 강아지의 귀가 됩니다.

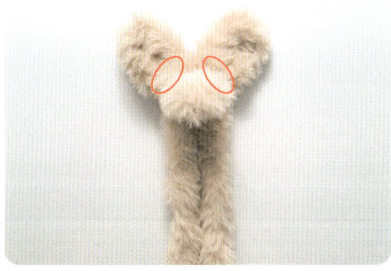

5 귀의 시작점을 두 번 꼬아 고정합니다.

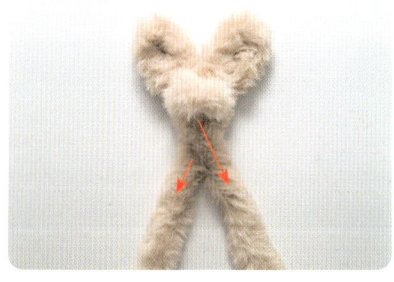

6 아래로 길게 내려온 모루 두 줄을 교차하여 놓습니다.

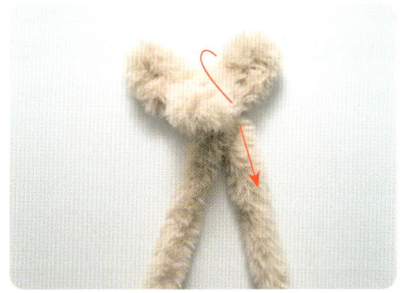

7 오른쪽에 있는 모루로 오른쪽 귀를 앞에서 뒤로 감습니다.

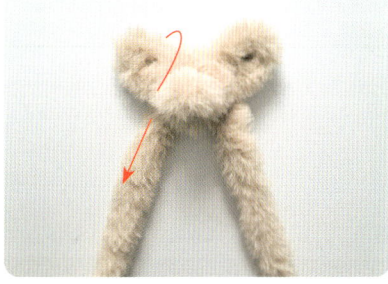

8 왼쪽에 있는 모루로 왼쪽 귀를 앞에서 뒤로 감습니다.

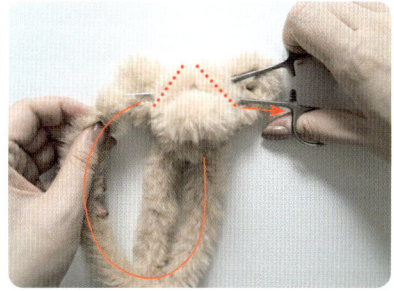

9 오른쪽 아래의 모루를 7~8번 과정에서 감은 이마 부분의 모루 사이로 집어넣고 뺍니다. 이때, 주둥이를 감듯이 돌려 넣는 것이 포인트입니다.

tip 얼굴의 볼륨을 만드는 과정이에요.

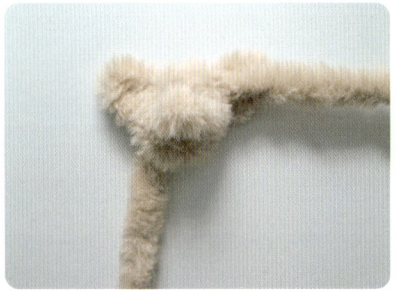

10 모루를 감듯이 집어넣은 모습입니다.

11 반대쪽도 9번 과정과 동일한 방법으로 모루를 감듯이 돌려 이마 부분에 넣고 뺍니다.

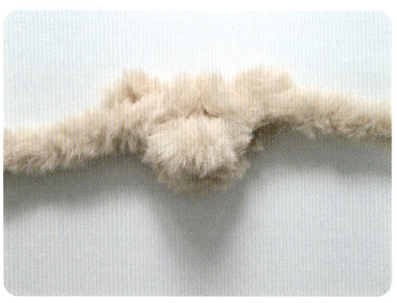

12 얼굴의 볼륨이 완성되었습니다.

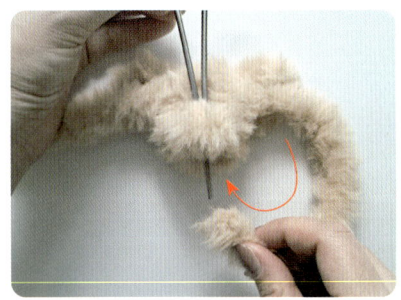

13 주둥이 고리 사이에 오른쪽 모루를 아래에서 위로 집어넣습니다.

14 집어넣은 모루를 너무 바짝 당기지 말고, 볼의 볼륨감을 만드는 느낌으로 적당하게 빼냅니다.

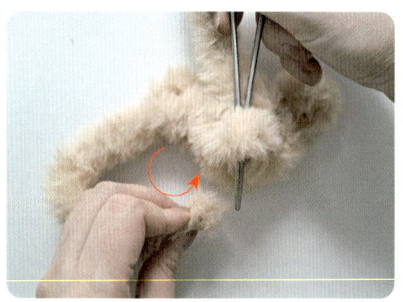

15 반대쪽도 마찬가지로 주둥이 고리 사이에 모루를 집어넣고 당깁니다.

16 빵빵한 볼의 볼륨감이 완성됐습니다.

17 **뒷면** 인형을 뒤로 돌려 모양을 확인합니다.

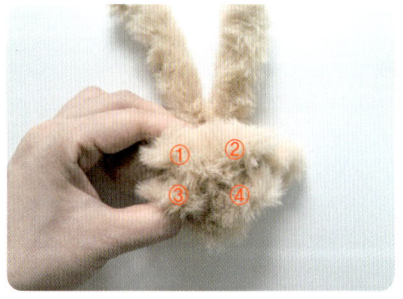

18 **얼굴 하단** 인형을 아래로 돌려 턱을 보면, 사진처럼 모루가 지나간 네 개의 고리를 확인할 수 있습니다.

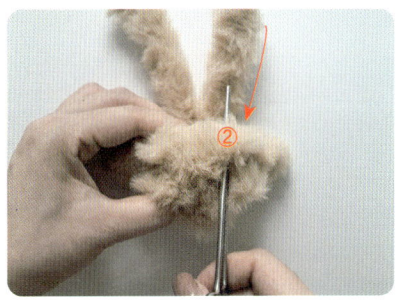

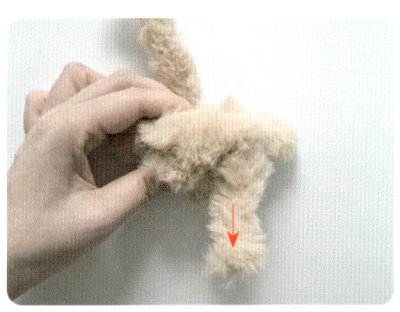

19 **얼굴 하단** 사진에서 2번 위치에 있는 모루 고리 안으로 오른쪽 긴 모루를 집어넣습니다.

20 **얼굴 하단** 이렇게 모루를 넣어 고정하면 풀리지 않고 얼굴이 깔끔하게 고정됩니다.

21 **얼굴 하단** 왼쪽 모루는 1번 모루 고리 사이로 집어넣습니다.

tip QR 코드의 동영상에서는 사진과 반대 방향으로 인형을 잡고 있기 때문에, 모루를 넣는 번호가 달라요. 본인에게 편한 방향으로 인형을 잡은 상태에서 작업해 주세요.

22 **뒷면** 뒷모습이 이렇게 완성됩니다.

23 다시 앞모습을 확인합니다.

24 니들 플라이어로 주둥이 부분을 잡고 위로 둥글게 돌리듯 꺾어 모양을 잡습니다.

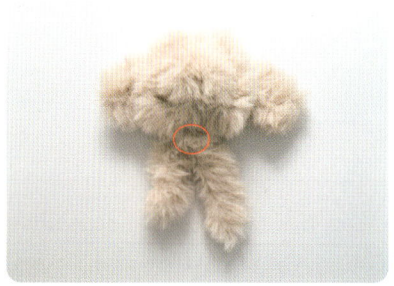

25 니들 플라이어로 주둥이를 사진처럼 꽉 집어서 주둥이가 퍼지지 않게 만듭니다.

26 양쪽 귀를 강아지 귀처럼 처진 모양으로 잡습니다.

tip 취향에 따라 귀 모양을 다르게 잡아도 좋아요.

27 아래로 나온 모루 두 줄을 한 번 꼬아 고정합니다. 강아지의 얼굴이 완성됐습니다.

28 몸통을 만들 새로운 모루를 준비하고, 27번 과정에서 꼬아 놓은 모루 두 줄 사이에 넣습니다.

29 아래로 내려온 모루를 한 번 더 꼬아서 새로운 모루를 단단하게 고정합니다.

tip 고정하고 남은 모루가 길다면 짧게 잘라 정리해요.

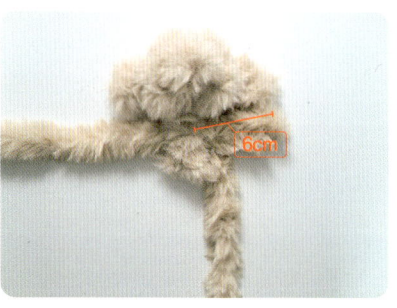

30 중심에서 6cm 길이로 모루를 접어 강아지의 오른쪽 팔을 만듭니다.

31 왼쪽 팔 역시 동일한 방법으로 만듭니다.

32 양쪽 팔의 시작점을 각각 두 번 꼬아서 풀리지 않게 고정합니다.

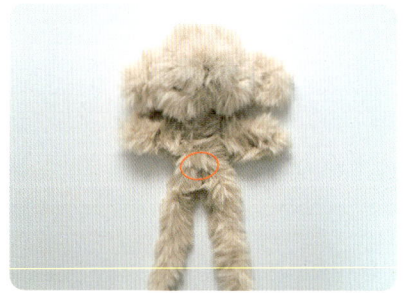

33 아래로 내려온 모루 두 줄을 두 번 꼬아 단단히 고정합니다.

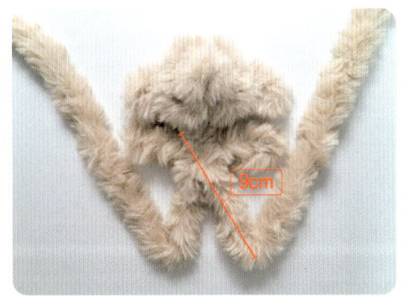

34 목에서 대각선으로 9cm 지점을 각각 접어 강아지의 다리를 만듭니다.

35 다리의 시작점을 각각 두 번 꼬아 고정합니다. 이때, 남은 모루는 인형의 뒤쪽으로 넘겨 둡니다.

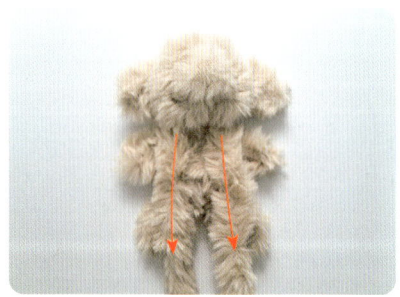

36 뒤쪽로 넘겼던 모루 두 줄을 인형의 목과 어깨 사이를 지나 다시 앞쪽으로 가져옵니다.

37 목 앞쪽에서 모루 두 줄을 두 번 꼬아 단단하게 고정합니다.

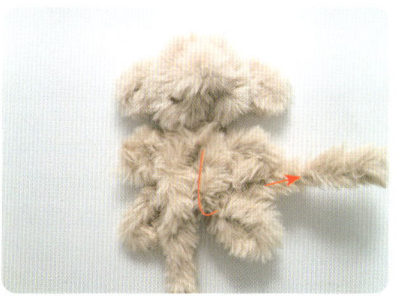

38 오른쪽으로 내려온 모루를 다시 인형의 다리 사이를 지나 오른쪽 다리 뒤로 넘깁니다.

39 왼쪽으로 내려온 모루도 동일하게 왼쪽 다리 뒤로 넘깁니다.

40 뒤로 넘긴 왼쪽 모루를 몸통의 모루 두 줄 사이에 넣습니다.

41 모루를 완전히 넣은 모습입니다.

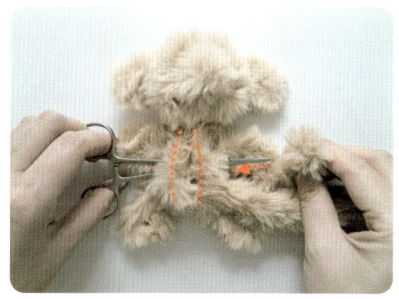

42 오른쪽 모루 역시 몸통의 모루 두 줄 사이에 넣습니다.

43 이렇게 하면 몸통의 부피감이 살아납니다.

44 **뒷면** 인형을 뒤집어 뒷모습을 확인합니다.

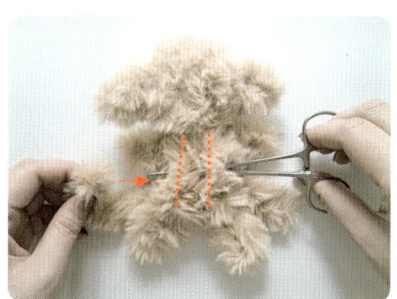

45 **뒷면** 뒷면에서도 동일하게, 왼쪽에 있는 모루를 몸통에 있는 모루 두 줄 사이로 집어 넣습니다.

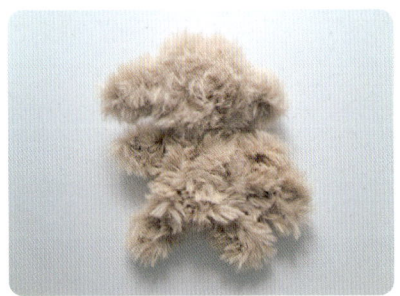

46 뒷면 집어넣은 모습입니다.

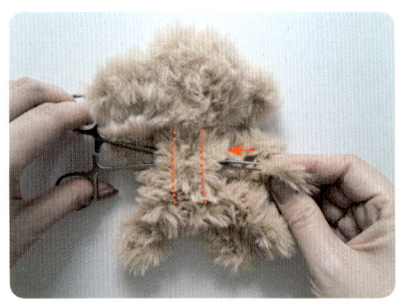

47 뒷면 오른쪽에 있던 모루도 마찬가지로 몸통의 모루 사이에 집어넣습니다.

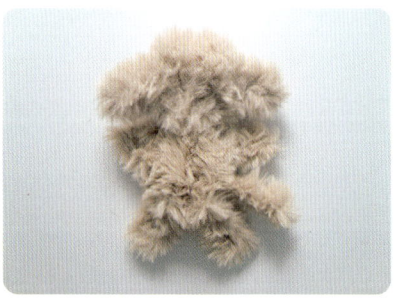

48 뒷면 몸통의 옆면과 뒷면에 부피감이 더 해졌습니다.

49 다시 인형을 뒤집어 앞면을 확인합니다.

50 똑같은 작업을 한 번 더 반복합니다. 몸통 모루 두 줄 사이로 왼쪽에 남은 모루의 끝을 넣습니다.

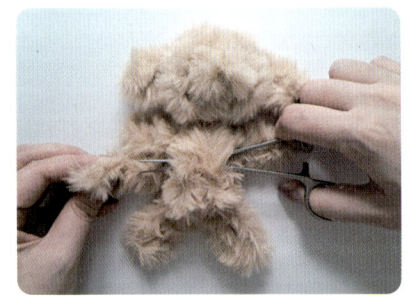

51 반대쪽도 동일한 방법으로 남은 모루를 몸통에 넣어 줍니다.

52 모루가 남는다면 잘라 주고 몸통 안에서 끝을 잘 접어 정리합니다.

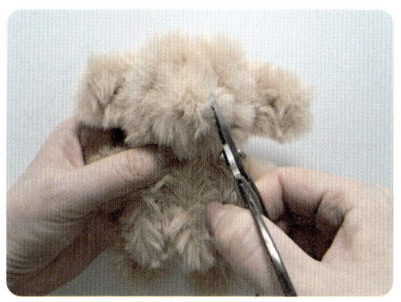

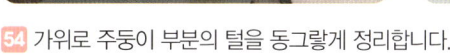

53 강아지의 형태가 완성됐습니다.

54 가위로 주둥이 부분의 털을 동그랗게 정리합니다.

tip 얼굴과 몸통 모두 중심에서 바깥쪽으로 털을 빗어 정리해요.

55 목공풀로 주둥이 가운데에 코를 넣어 붙입니다.

56 눈의 위치를 잡고 목공풀로 붙입니다.

57 파스텔로 볼터치와 귀 안쪽의 음영을 만듭니다.

58 리본을 달아 줍니다. 털에 묻힐 수 있기 때문에 끈을 감아서 매기보다는 미리 작은 리본을 만들어 글루건으로 붙이는 것이 좋습니다.

59 글루건으로 솜방울을 붙여 꼬리를 만듭니다.

60 완성한 모습입니다. 귀를 좀 더 길게 세워서 토끼로 만들어도 좋습니다.

12

양

⭐⭐⭐⭐⭐

살짝 삐져나온 귀가 매력 포인트인 순진한 양을 만들어 볼게요. 먼저 양의 모양을 잡아 준 다음,
춥지 않도록 털옷을 만들어 입혀 주세요. 양의 몸을 감싸는 풍성하고 복슬복슬한 털 덕분에 인형에 볼륨감이 더해져
통통하고 사랑스러워집니다. 다양한 모루로 따뜻하고 포근한 느낌의 양들을 만들어 보세요.

Materials

- 갈색 복슬 모루 한 줄(두께 15mm)
- 베이지색 복슬 모루 한 줄(두께 15mm)
- 수제 눈 한 쌍(6mm×8mm)
- 살구색 타원형 눈 한 개(2.5mm×3.5mm, 코로 사용)
- 빨간색 공단 리본(3mm×30cm)
- 빨간색 솜방울(폼폼이) 한 개(1cm, 꼬리로 사용)

1 베이지색 모루를 절반으로 접습니다.

2 끝에서 2cm 지점에서 모루를 두 번 꼬아 고정합니다.

3 꼬아 놓은 부분을 앞으로 꺾습니다. 이 부분이 양의 주둥이가 됩니다.

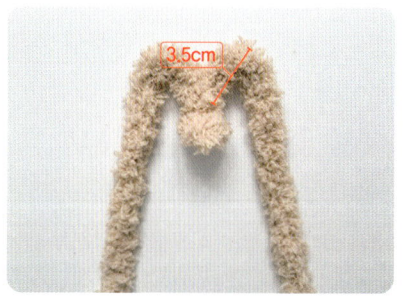

4 양쪽 모루를 각각 3.5cm 지점에서 접습니다. 이 부분이 양의 귀가 됩니다.

5 귀의 시작점을 두 번씩 꼬아 고정합니다.

6 아래로 나온 모루 두 줄을 서로 교차하게 놓습니다.

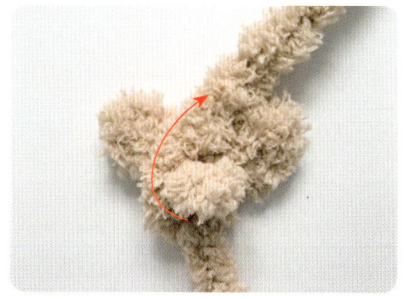

7 왼쪽 모루로 주둥이의 왼쪽을 감듯이 돌려서 올립니다.

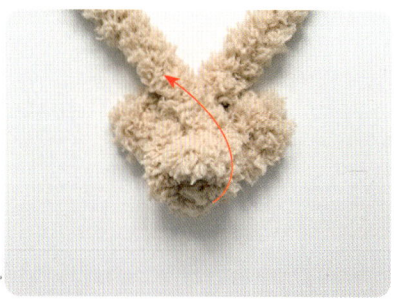

8 오른쪽 모루도 오른쪽 주둥이를 감듯이 올려 얼굴의 볼륨을 만듭니다.

9 **뒷면** 인형을 뒤로 돌려 모양을 확인합니다. 이때, 위로 올라온 모루 두 줄은 교차한 상태를 그대로 유지합니다.

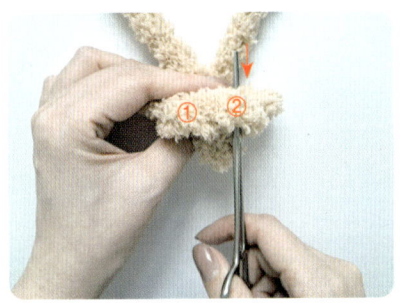

10 `얼굴 하단` 인형을 아래로 돌려 턱을 보면, 사진처럼 모루가 지나간 두 개의 고리를 확인할 수 있습니다. 오른쪽 위에 있는 긴 모루를 2번 고리 안으로 넣습니다.

11 `얼굴 하단` 사진과 같은 상태가 됩니다.

12 `얼굴 하단` 왼쪽 위에 있는 긴 모루는 1번 고리 안으로 넣습니다.

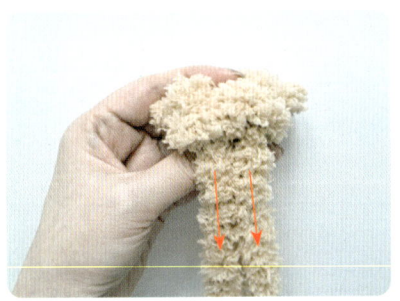

13 `얼굴 하단` 양쪽 모루를 모두 고리 안에 넣은 상태입니다.

14 `뒷면` 인형의 뒷모습을 확인합니다.

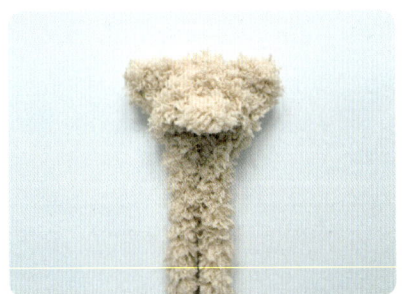

15 다시 인형을 뒤집어 앞을 보게 합니다.

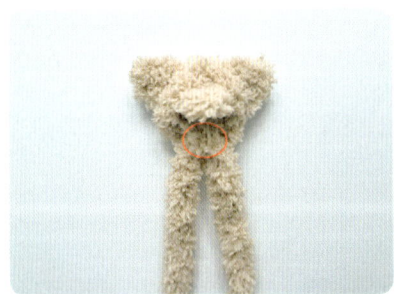

16 아래로 나온 모루 두 줄을 두 번 꼬아 고정합니다.

17 중심에서 3cm 지점에서 오른쪽 모루를 접어 팔을 만듭니다.

18 왼쪽 모루도 동일하게 3cm 길이로 팔을 만듭니다.

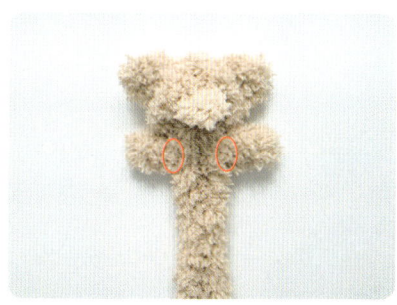

19 양팔의 시작점을 두 번씩 꼬아서 고정합니다.

20 아래로 나온 모루 두 줄을 두 번 꼬아 고정합니다.

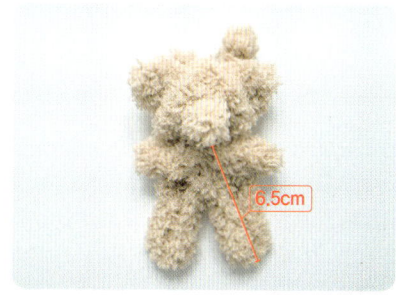

21 목에서부터 6.5cm 길이로 모루를 뒤로 접어 양쪽 다리를 만듭니다. 접고 남은 모루는 인형의 뒤쪽에 그대로 둡니다.

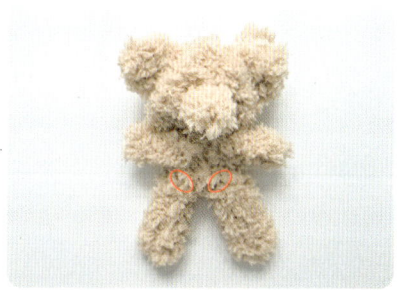

22 다리가 풀리지 않도록 각각 두 번 꼬아 고정합니다.

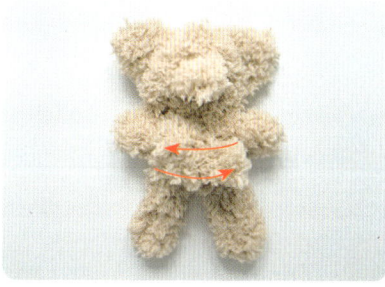

23 뒤쪽에 남은 모루를 몸통에 돌돌 감아 정리합니다.

24 만약 모루가 너무 길게 남아 부피가 커질 경우에는 조금 자르고 감아서 적당히 납작하게 만들어 줍니다.

25 니들 플라이어로 주둥이를 둥글게 굴리듯이 잡아 내려 모양을 잡습니다.

26 니들 플라이어도 사진처럼 가로 방향으로 주둥이를 집어 줍니다.

27 세로 방향으로도 한 번 더 집어줍니다. 주둥이를 작게 만드는 과정입니다.

28 양의 형태가 완성됐습니다.

29 주둥이의 털을 동그랗게 정리합니다.

30 목공풀로 주둥이 가운데 코를 답니다.

tip 인형을 모두 완성하고 나서 코와 눈을 달아도 괜찮아요.

31 목공풀로 눈을 붙입니다.

32 갈색 모루의 가운데를 인형의 턱에 올리고, 아래쪽에서부터 얼굴을 감아 줍니다. 위로 올라온 모루는 서로 교차하게 둡니다.

33 위로 올라온 모루를 인형 뒤로 접어 내립니다.

34 오른쪽에 있던 긴 모루를 얼굴을 감았던 모루 사이에 넣습니다.

35 오른쪽 모루를 넣은 모습입니다.

36 마찬가지로 왼쪽 모루도 넣어 사진과 같은 모양이 되게 합니다.

37 아래로 내려온 모루 두 줄을 인형의 다리 사이를 지나서 뒤로 올라오도록 접습니다.

38 **뒷면** 인형을 뒤집어 모양을 확인합니다.

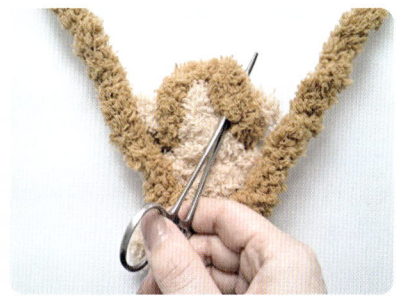

39 **뒷면** 오른쪽 귀를 감싸고 있는 모루 고리 사이에 오른쪽 긴 모루를 넣습니다.

tip 사진에서 겸자를 넣은 방향으로 넣어 주세요.

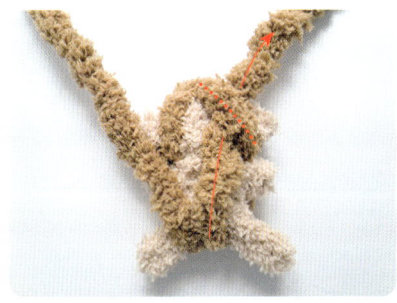

40 **뒷면** 오른쪽 모루를 넣은 모습입니다.

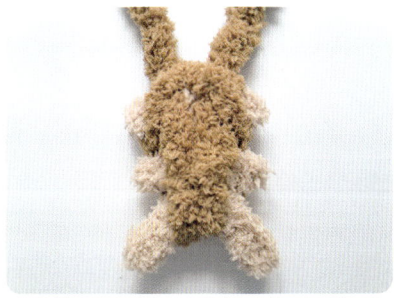

41 **뒷면** 같은 방법으로 왼쪽 모루도 왼쪽 귀를 감싼 모루 고리 사이에 넣습니다.

42 인형을 다시 앞으로 돌립니다.

43 왼쪽 위에 있던 모루를 사진처럼 오른쪽 사선 방향으로 내립니다.

44 오른쪽 위에 있던 모루도 왼쪽 사선 방향으로 내립니다.

45 **뒷면** 다시 인형을 뒤집어 줍니다.

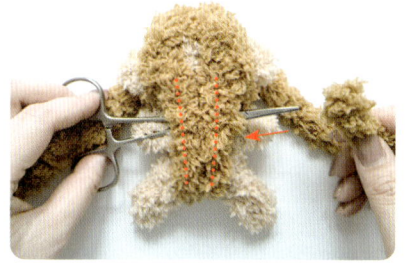

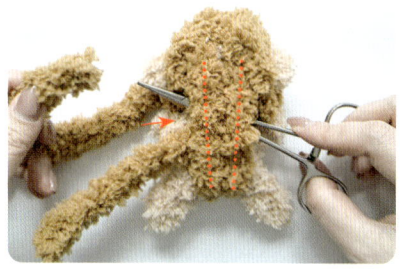

46 뒷면 오른쪽으로 나온 모루를 몸통에 있는 모루 두 줄 사이로 넣습니다.

47 뒷면 왼쪽으로 나온 모루 역시 몸통에 있는 모루 두 줄 사이로 넣습니다.

48 뒷면 양쪽 모루를 모두 넣은 모습입니다.

49 다시 인형을 앞으로 돌립니다.

50 왼쪽으로 나온 모루를 앞쪽 몸통의 모루 두 줄 모루 사이로 넣습니다.

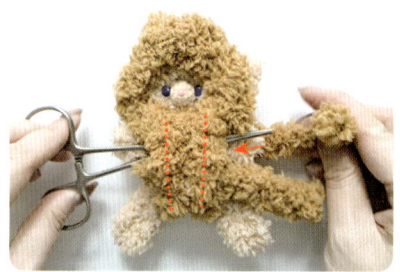

51 왼쪽 모루를 넣은 모습입니다.

52 오른쪽으로 나온 모루도 마찬가지로 몸통의 모루 두 줄 사이에 넣습니다.

53 양쪽 모루를 모두 넣은 모습입니다.

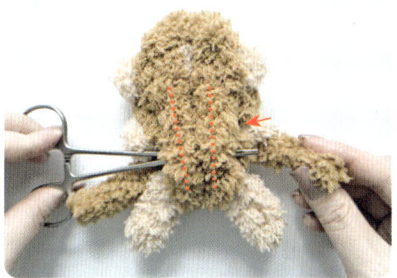

54 뒷면 다시 인형을 뒤집어 줍니다.

55 뒷면 똑같이 뒤쪽 몸통의 모루 두 줄 사이로 긴 모루를 넣는 작업을 반복합니다. 오른쪽으로 나온 모루부터 넣습니다.

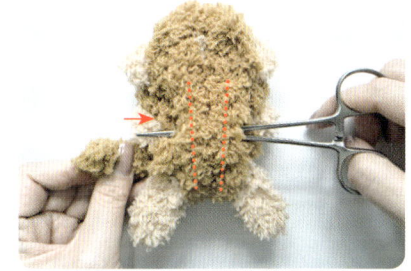

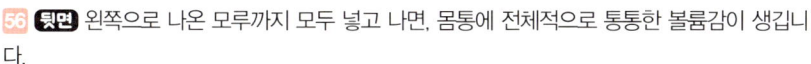

56 뒷면 왼쪽으로 나온 모루까지 모두 넣고 나면, 몸통에 전체적으로 통통한 볼륨감이 생깁니다.

57 뒷면 남은 모루는 니퍼로 자릅니다.

58 반대쪽도 자릅니다.

59 끝부분이 손을 찌르지 않도록 몸통 모루 안에 잘 접어 넣어 마무리합니다.

60 다시 인형을 앞으로 돌려 파스텔로 볼터치를 넣어 줍니다.

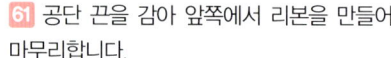

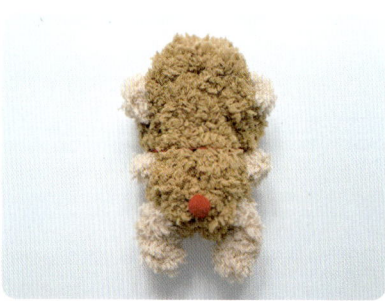

61 공단 끈을 감아 앞쪽에서 리본을 만들어 마무리합니다.

62 글루건으로 솜방울 꼬리를 붙입니다.

63 완성한 모습입니다. 밝은 계열의 다양한 색으로 만들어 봐도 좋습니다.

PART 3

사부작사부작
모루 인형 꾸미기

여러 가지 모루 인형을 완성했다면, 이제는 예쁘게 꾸며 줄 차례!

모자와 케이프 등 간단한 소품으로 인형을 한층 더 멋지게 꾸미는 팁을 소개합니다.

시중에서 판매하는 완제품을 이용해 꾸미는 것도 좋지만,

직접 만들어서 취향대로 꾸미면 뿌듯함이 두 배!

나만의 손재주를 발휘해서 인형에게 멋진 패션 소품을 달아 주고

개성을 뽐내 보세요.

01

밍크 베레모

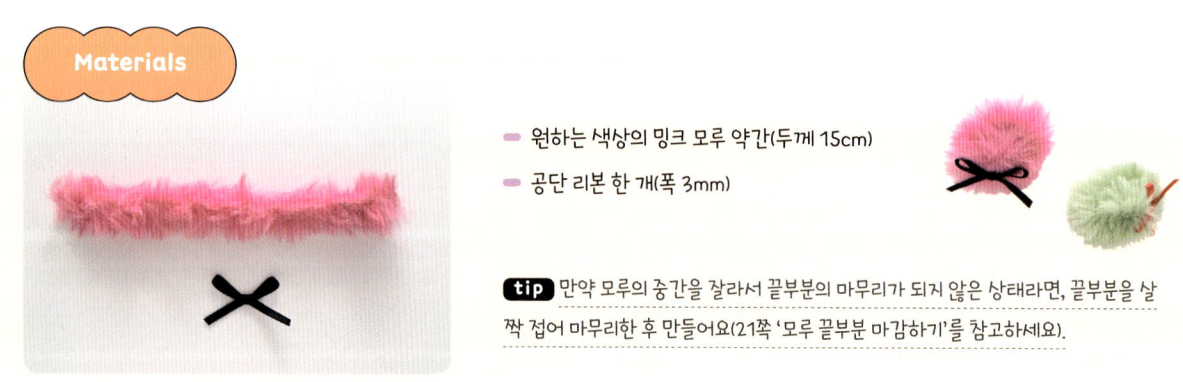

패션의 완성은 바로 모자! 멋쟁이 신사 숙녀 느낌의 동그란 털 베레모입니다.

케이프나 스커트 같은 다른 의상을 입히고 달아 주면 더욱 돋보입니다. 자투리 모루를 사용해 다양한 색으로 만들어 보세요.

Materials

- 원하는 색상의 밍크 모루 약간(두께 15cm)
- 공단 리본 한 개(폭 3mm)

tip 만약 모루의 중간을 잘라서 끝부분의 마무리가 되지 않은 상태라면, 끝부분을 살짝 접어 마무리한 후 만들어요(21쪽 '모루 끝부분 마감하기'를 참고하세요).

1 사진처럼 약 1.5cm 정도 길이로 모루를 접습니다. 베레모의 크기이므로 더 크거나 작게 만들어도 됩니다.

2 모루를 둥글게 말듯이 한 번 더 접습니다. 이때, 먼저 접어 둔 모루와 살짝 겹쳐지게 접으면 베레모를 좀 더 입체적으로 만들 수 있습니다.

3 접은 모루에서 0.5mm~1cm 가량을 남기고 남은 모루를 자릅니다.

4 모루의 끝부분을 접어서 모루 끝의 털이 더 이상 풀리지 않도록 마무리합니다.

5 끝부분을 마무리한 모습입니다.

6 모루를 완전히 접히도록 잘 눌러 모양을 잡고, 원하는 크기인지 확인합니다.

7 모루가 접힌 끝부분의 털이 풀어지지 않도록 글루건으로 고정합니다. 먼저 시작점이 된 끝부분을 고정합니다.

8 마지막 끝부분도 글루건으로 고정해 두면 털이 풀리지 않고 모양이 오래 유지됩니다.

9 사진 속 방향대로 빗질을 해서 결을 다듬어 줍니다.

10 글루건으로 원하는 위치에 리본을 붙여 마무리합니다.

인형에 베레모를 계속 부착하고 싶다면, 10번 과정의 상태로 글루건을 사용해 인형 머리에 붙이면 됩니다. 만약 탈부착이 가능하게 만들고 싶다면 핀대를 붙여서 마무리합니다.

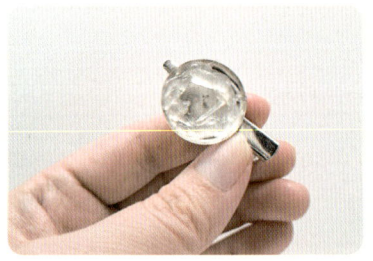

1 지름 약 3cm 정도의 원판이 달려 있는 집게 핀대입니다. 집게 핀대는 꼭 사진과 동일하지 않더라도 원하는 모양과 사이즈를 구입하면 됩니다.

2 글루건을 충분히 사용하여 베레모 뒷면에 집게 핀대를 붙입니다.

3 완성한 모습입니다.

02

리본 케이프

이번에는 리본을 달아 귀여움을 살린 세련된 느낌의 케이프를 만들어 볼게요.

작은 의상이지만 인형이 잘 차려입은 느낌을 낼 수 있어요. 케이프를 입힐 인형의 크기에 맞춰 사이즈를 조절하고,

레이스를 장식해서 좀 더 화려하게 만드는 방법도 살펴보세요.

Materials

- 하드 펠트지 한 장(두께 1mm)
- 공단 리본끈 두 개(3mm×15cm)
- 자투리 모루 약간(사이즈 측정용)
- 글루건

tip 펠트지는 원하는 색상을 준비하면 돼요. 사이즈는 큰 인형 기준으로 20×30cm 이상이면 충분해요.

1 케이프를 입힐 인형을 준비하고, 철사나 남은 자투리 모루를 이용해서 사진처럼 목에 감아 사이즈와 모양을 측정합니다. 이렇게 하면 따로 패턴을 뜨지 않아도 인형 사이즈에 맞는 케이프를 만들 수 있습니다.

2 모루를 빼서 목에 감은 둥근 부분을 약간 벌립니다. 벌어진 곡선이 완만할수록 케이프의 어깨선이 아래쪽으로 떨어집니다.

tip 전혀 벌리지 않은 상태로 만들면 어깨 부분이 직각으로 솟게 돼요.

3 펠트지 위에 모루를 올려놓고 따라 그립니다.

tip 여기서는 열을 가하면 지워지는 펜을 사용했어요. 초크를 사용해도 좋고, 일반 펜으로 종이에 그리고 잘라 패턴을 만든 후, 그 종이를 펠트지를 대고 잘라도 돼요.

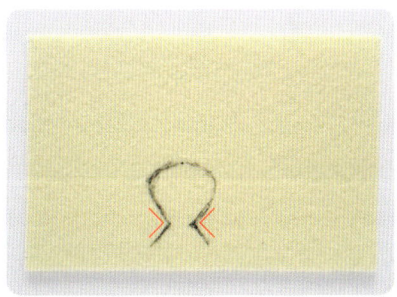

4 모루를 대고 따라 그리면 이런 모양이 됩니다. 이때, 목에서 꺾어지는 부분은 반드시 직각으로 그려 주세요.

5 원하는 두께와 모양으로 칼라를 그립니다. 양쪽을 동일한 모양으로 만들기 위해서 반을 접어 자를 예정이기 때문에, 절반만 그리면 됩니다.

6 펠트지를 절반으로 접습니다. 이때, 칼라의 뒷부분이 접힌 부분과 직각이어야 합니다.

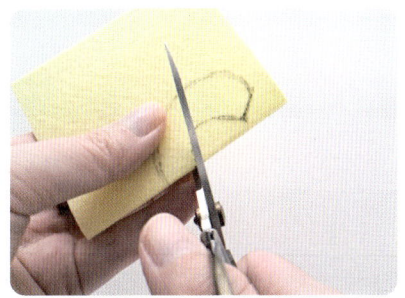

7 접은 채로 자르면 양쪽 모양이 동일하게 나오게 됩니다.

8 모두 자른 모습입니다.

9 인형에 입혀 모양을 확인합니다. 만약 마음에 들지 않는다면 사이즈나 모양을 조절하여 다시 만들어 보세요.

10 글루건으로 케이프에 공단 리본끈을 붙입니다. 리본은 사진상의 방향으로 부착해야 합니다.

tip 순간접착제는 겉면에서 티가 날 수 있고, 목공풀은 잘 붙지 않기 때문에 글루건을 추천해요. 다만, 펠트지와 글루건은 한 번 붙으면 떼어낼 때 손상이 생기니 신중하게 작업하세요.

11 양쪽에 공단 리본을 붙인 모습입니다.

12 케이프를 뒤집어서 인형에게 입히고 리본을 묶어 줍니다. 리본 끝을 적당한 사이즈로 잘라 완성합니다.

Bonus

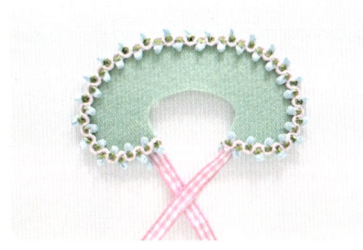

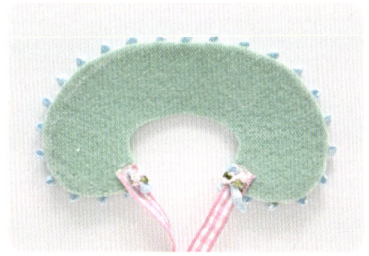

1 글루건으로 장식용 레이스를 붙여 꾸밀 수도 있습니다.

2 이때, 레이스의 시작과 끝부분은 사진처럼 끝을 살짝 남겨 안쪽으로 접어서 붙이면 깔끔하게 마무리됩니다.

03

레이스 스커트

단순한 의상 소품만으로는 뭔가 아쉬운 느낌이 들 때, 인형에게 입혀 멋을 더하기 딱 좋은 샤방샤방한 레이스 스커트입니다. 간단한 홈질만으로 쉽게 만들 수 있고, 레이스 소재 덕분에 인형의 귀여움이 한층 더 돋보입니다.

Materials

- 레이스 약간(인형에 맞는 치마폭과 길이로 준비)
- 얇은 레이스 또는 리본끈(5mm×30cm, 허리끈으로 사용)
- 실과 바늘

1 인형의 허리에 두 번 감기는 정도의 길이로 레이스를 준비합니다.

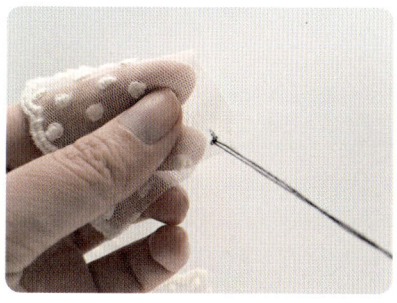

2 바늘과 실을 사용해 레이스에 홈질할 준비를 합니다.

tip 여기서는 이해를 돕기 위해 검은색 실을 사용했습니다. 실제로 만들 때는 레이스와 최대한 비슷한 색의 실을 사용해야 합니다.

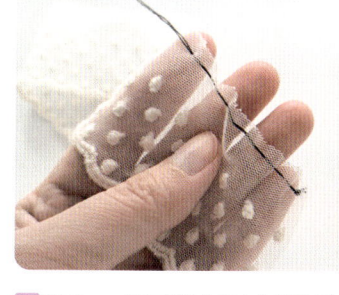

3 약 5mm 정도의 너비로 홈질을 합니다.

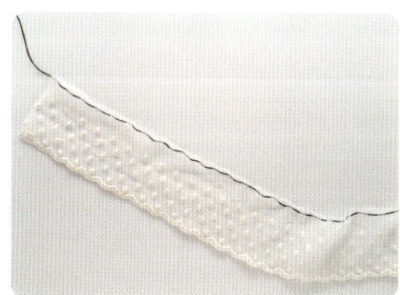

4 홈질이 완성된 모습입니다.

5 홈질한 후 실을 잡아당기면 사진처럼 자연스러운 주름이 생깁니다.

6 인형의 허리에 감아 치마 둘레를 조정하고, 매듭을 지어 마무리합니다.

7 주름을 균일하게 나누어 모양을 잡습니다. 이때 허리둘레는 인형에게 겹치는 부분 없이 딱 맞거나 살짝 부족한 것이 좋습니다.

tip 치마가 허리둘레보다 크면 흘러내릴 수 있어요.

8 글루건을 이용해 허리끈 역할을 할 레이스를 붙입니다.

tip 인형에게 끈을 묶어 입혀야 하므로, 묶을 만큼의 끈을 끝에 남겨 두고 붙여요. 치마의 중심과 끈의 중심을 얼추 맞추면 좋아요.

9 글루건이 금방 굳으므로 한꺼번에 붙이지 말고, 조금씩 바르고 붙이는 작업을 반복합니다.

10 사진처럼 주름을 한 손으로 잡고 누른 다음 글루건을 쏘면, 주름 부분의 허리끈을 예쁘게 붙일 수 있습니다.

11 허리끈을 끝까지 잘 부착한 모습입니다.

04

폼폼이 가방

인형의 뒷모습까지 깜찍하게 만들어 주는 솜방울 백팩입니다.

끈을 조절하면 크로스백이나 토트백으로도 응용할 수 있어 다양한 스타일을 연출할 수 있어요.

작은 사이즈지만 인형에게 생동감과 포인트를 더해 주는 알찬 소품이랍니다.

Materials

- 펠트지 약간
- 솜방울(폼폼이) 열두 개
- 가죽끈(5mm×30cm, 가방끈으로 사용)

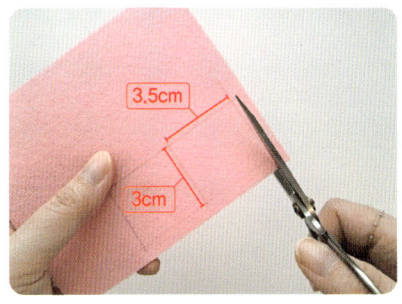

1 펠트지에 3×3.5cm 사이즈의 직사각형 두 개를 그려 재단합니다.

tip 여기서는 강아지 인형의 크기를 기준으로 재단했어요. 인형에 따라 크기를 조절해서 재단하세요.

2 두 장을 겹쳐 붙일 준비를 합니다. 가방이 열릴 위쪽을 제외하고, 나머지 세 면을 글루건으로 붙입니다.

3 글루건은 금방 굳기 때문에 빠르게 붙여야 합니다. 글루건 사용이 어렵다면 목공풀이나 순간접착제를 사용합니다. 목공풀을 사용할 때는 완전히 마를 때까지 기다리고, 순간접착제를 사용할 때는 손에 묻지 않도록 조심합니다.

4 두 장을 겹쳐 붙인 모습입니다.

5 글루건을 사용해 가방의 앞면에 원하는 색상과 순서로 솜방울을 붙입니다.

6 솜방울을 모두 붙인 모습입니다.

7 가죽끈을 펼친 후 중심에 인형을 놓습니다.

tip 가죽끈이 아니더라도 리본끈이나 레이스 등 원하는 재료를 사용하면 돼요.

8 뒤에서 앞으로 팔에 걸듯이 끈을 내립니다.

9 반대쪽도 끈을 내려 가방을 멘 것처럼 만듭니다.

10 뒷면 인형을 뒤집어 가죽끈의 양끝을 인형의 목뒤 중심에 오게 합니다.

11 이렇게 하면 인형의 크기에 맞춰서 가방끈을 만들 수 있습니다. 너무 꽉 조이지 않도록 적당히 여유를 두고 만듭니다.

12 가죽끈을 잡은 상태 그대로 인형의 팔에서 뺍니다.

13 이 상태 그대로 글루건을 사용해 가운데를 고정합니다.

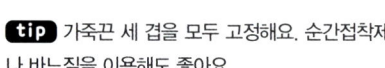

tip 가죽끈 세 겹을 모두 고정해요. 순간접착제나 바느질을 이용해도 좋아요.

14 위로 튀어나온 끈을 깔끔하게 자릅니다.

15 글루건으로 가방에 끈을 붙입니다. 가죽끈의 평평한 쪽이 아래로 오도록 붙여야 합니다. 위치를 잡기 어렵다면 인형에 끈을 끼운 채로 잡아도 좋습니다.

tip 중심을 먼저 붙인 후, 사진에 표시된 네 곳까지 마저 붙이면 더 튼튼하게 붙어요.

16 완성한 모습입니다.

17 가방을 인형에게 메어 줍니다.

tip 끈 모양을 응용해서 크로스백으로도 만들어 보세요.

128